マンガでよくわかる

子どもが変わる 怒らない子育て

嶋津良智［著］
松浦はこ［漫画］

フォレスト出版

登場人物紹介

五十里家

五十里《いかり》雄介《ゆうすけ》

単身赴任中のみちるの夫。恭介と一緒に過ごす機会が少なく、子育てにどう関わったらいいかわからずにいる。

五十里《いかり》みちる

恭介の母。夫が単身赴任のため、フルタイムで働きながら、家事に育児にひとりで奮闘中。日々の忙しさから、恭介をついつい怒ってしまうのが目下の悩みで……。

幸子《さちこ》

恭介が通う柔道教室の先生の母。かつて、わが子に怒ってしまう自分に嫌気が差し、怒らないでどうしたら子育てができるのか悩んだ時期があった。子育ての先輩として、みちるに「怒らない子育て」を教える。

五十里《いかり》恭介《きょうすけ》

みちるの息子。柔道教室に通う元気いっぱいの男の子。

綾原家

綾原《あやはら》優子《ゆうこ》

鉄平の母。
いつも穏やかなセレブママ。

綾原《あやはら》鉄平《てっぺい》

恭介と同じ柔道教室に通う
恭介の友だち。

プロローグ
ある日の子ども柔道教室
さよーならー
恭介 迎えに来たよ！
恭介？ どこにいるんだろ
五十里《いかり》みちる
パシーン
あら ケンカ？
…う
うわあぁぁん
五十里恭介
きよ 恭介!?

鉄平君に何するの！
ガッ
お友達でしょ!?
うわぁあ
綾原さんごめんなさい
ほら恭介もあやまりなさいっ
プイ
……
えっ…
つーん
この子は…ごめんなさいも言えないの!!?
いいのよ～男の子だもの

うう…
気を使われてしまった
ごめんなさいこんな子で…
晩ご飯抜きだからね恭介！
えー!!
やだっ
やだやだ〜!!
うるさいっ
言うことをきけない子はママ嫌いです！
僕悪くないもん!!
やだやだやだ
イラ イラ
どうしていつもこうなのよっ!!!
みちるさん

いつも大変ね 平日はお仕事でしょう？
幸子さん！
土日も恭介君についてあげててえらいわ
少し休んでいかれます？
頂き物のお菓子があるの
柔道の先生の母親
幸子さん
夕飯の前だけど…正直言って怒り疲れたわ
お…お邪魔していいですか？
もちろんよ
恭介君は道場で先生のお手伝いできるかな？
はい！
しっかりやるのよ！

恭介君は
とっても
頑張り屋ね
柔道も休まず
来てくれるし
将来が
楽しみよね
いやー…もう
全然言うこと
聞いてくれなくて
私イライラ怒って
ばっかりなんです
幸子さんは
いつも穏やかで
うらやまし…
ニコッ
私もイライラ
怒ってばかり
だったわよ
えっ
幸子さんが!?
でもあるとき…
問題が起きてね
悩んでいた…
そんなとき
「怒らない子育て」を
知ったのよ

怒らない…
子育て…!?
ええ
それを実践したら…
子どもに変化が表れたの
そんなことが本当に…?
プイ
あ…あの
それ…
私にも教えて頂けませんか!?

はじめに　「怒らない子育て」で親も子もハッピーに！

本書を手にしていただき、ありがとうございます。

本書は、シリーズ100万部が目前の「怒らない技術」シリーズのなかで、15万部を突破した『子どもが変わる　怒らない子育て』をマンガ化したものです。


マンガの主人公は、男の子の子育てに奮闘中のおかあさん、五十里《いかり》みちるさん。

息子の恭介《きょうすけ》くんはやんちゃで、おかあさんの言うことを聞いてくれません。

みちるさんは、毎日イライラしたり、怒ってばかりで自己嫌悪の毎日です。


そんなあるとき、大きな出会いがありました！

恭介くんが通う柔道教室の先生のおかあさんである幸子《さちこ》さんから「怒らない子育て」を教えてもらうことになったのです。

早速、実践しはじめたところ、みちるさんと恭介くんの関係は少しずつ変わりはじめました。

子育て中の親なら誰しも直面するのがイライラや怒りです。

現在、私は「怒らない技術」を子育てに応用した「おこらない子育てセミナー」を行っています。セミナーには、

「イライラしないで子どもと向き合いたい」

「子どもを叩《たた》いてしまったことを、誰にも言えずひとりで悩んでいる」

「冷静に物事を考えられる自分に戻りたい」

などという人がたくさんやってきます。

私はセミナー参加者にこう言います。

「子育てにイライラはつきものですが、この感情を、あなた自身が上手にコントロールすることはできます」

怒ることは悪いことではありません。怒りから学べることは多く、自分を成長させる大切な感情です。

ですが、無駄なイライラや怒りはなるべく減らしたいものです。無駄なイライラや怒りから解放されると、あなたの毎日はとてもハッピーになります。

「怒らない子育て」は、子どもにもよい影響を与えます。

感情をコントロールする技術を身につけた親に育てられた子どもは、素直に自分を表現する傾向があり、いろいろなことに積極的に取り組みます。ストレスを感じることが少なく、もしストレスを感じても、自分でコントロールできるので、友だちとのコミュニケーションも上手になります。

さあ、あなたも「怒らない子育て」を学んでみましょう！　そして、できればパートナーにも本書をちらっとお見せすることをおすすめします。

２０１７年１月吉日

嶋津良智

番外編

「怒らない子育て」はおかあさんだけのものじゃない

制作に際し、
貴重なご意見をくださった
みなさん

岩城智子さん
久米大輔さん
小峰淳一さん
十川彩子さん
飛坂夏美さん

編集協力　Bullet Thinking
ブックデザイン　小口翔平＋三森健太＋喜來詩織(tobufune)
漫画　松浦はこ
制作　トレンド・プロ
DTP　石田毅、山口良二

※このマンガはフィクションです。
登場する人物、団体名などはすべて架空のものであり、
実在する人物等とは一切関係ありません

第1話

怒りはコントロールできる

『怒らない子育て』って…そんなことできるんですか？
怒るのが悪いというわけではないわ
誰にだってある感情だもの
ただ…『怒る・怒らない』は、あなたが決めているからコントロールできるのよ
私が決めてる!?
でも私は子どもにイライラ『させられて』いるわけで…
そのイライラの原因と思っている出来事自体には意味はないの
えっ??

そうね…例えば
こんなときはどうする…？
恭介おやつよ！
やったー！
♪
コッッ
グラッ
ガシャア
あーー!!!
これは怒りますよ!!
いつもの不注意だし私の手間は増えるし…
みちるさんおちついて

じゃあ…これはどう?
おじゃましまーす
いらっしゃい~どうぞ
はい!ケーキとジュースだよ
やった!!
こないだ恭介がジュースこぼしたからなあ…
鉄平くんジュースは気をつけて持ってね
ガターン
言った矢先に!!!

これは…服濡れなかった？って聞いちゃいます…
ママ友の手前…
でしょう？
目の前で起きたことは同じなのに
対応を変えることができたの
コラッ！
大丈夫？
つまり怒りはコントロールできるということなのよ
う…理屈ではわからないでもないんですが…
でも反射的に怒っちゃいますどうしたら…
そんなときは、まず自分が何に対して怒ってるか客観的に見るといいわ
わあああ
そんな冷静になれませんよ～!!
大丈夫
コレよ

『怒りの記録』をつけるの
① 怒ってしまった 出来事
② そのとき どう感じたか
③ 実際は どうして ほしかったのか
④ それを実践するためには どうすれば よかったか
怒らないと決めていても イライラや怒りは 自然と湧き上がってくる ものだから
ジュースをあげると コップを倒す!!
『自分はこういう場面で怒りやすい』 というパターンがわかれば それを回避することもできるわ
下にビニールを ひけばいいわ!
恭介も ふいてね
あと、冷静に振り返ることで 怒りの元となる感情に 気づくことができるのよ
元となる感情?

ええ。怒りはね
第二の感情なのよ
不安・悲しみ・苦痛・
ストレス・寂しさ・
絶望などは
第一の感情
『怒り』は
『第一感情』を
元にして
生まれるの
怒り
第二感情
恭介が
いつも不注意で
この先不安
仕事で
疲れているのに
掃除の手間が
増えてストレス
倒しにくいところへ
置かなかった
自分へのストレス
お気に入りの
絨毯が汚れて
悲しい
第一感情
だから
怒りをぶつけるのではなく
恭介くんに元となる気持ちを
伝えることが大切なのよ
恭介、
いつも不注意で
ママ不安なの
ママ…
私
『怒りの記録』をつけて
第一感情を
意識してみます！

恭介～
寝るよ――
げっ
もうちょっと！
カチ
カチ
こんな時間まで
ゲーム!!?
9時には寝るって
言ったでしょ
早く布団
入って!!!
ゴゴゴゴ
ちぇー
トボ
トボ
また私
怒ってる!!

『怒りの記録』つけなきゃ…
①怒ってしまった出来事
恭介が寝る準備をなかなかしなかったことに対して
②そのときどう感じたか
どうして毎回同じことを言わなきゃいけないの？
第一感情は『ストレス』
③実際はどうしてほしかったのか
寝る時間は9時と約束している時間を見て行動してほしかった
④それを実践するためにはどうすればよかったか
時間を伝えるだけじゃダメかもゲームは夢中になってしまうので一緒に時計を確認しよう

対策考えるのって大事かも～
よしっどんどん記録！
数日後
うわあ…
ドサーッ
私って結構怒ってる…！
散らかした部屋を片付けないのでイライラした
スイミングに遅刻しそうになってイライラした
親が添い寝しないと眠れない
早く寝て～～
などなど…

私、こんな自分本位なことで怒ってたんだ…
しつけだと思っていたのに…
フウ…
よし！
怒らなくて済むように分析しなきゃ！
見ててね恭介
これで私は…
イライラママから
ニコニコママになるんだ！

怒りはコントロールできる

怒ってよいと決めたから怒る

「また、怒ってしまった！」とマンガの主人公みちるさんは落ち込んでいます。

でも、その言葉のなかには、「自分は怒りたくないのに、恭介のせいで怒らされた」という気持ちがあるのでしょう。

本当にそうでしょうか？

マンガでは、子どもがジュースをこぼす場面が2回出てきました。

- みちるさんの息子の恭介くんがこぼす場面

・恭介くんの友だちの鉄平くんがこぼす場面

みちるさんは2回ジュースをこぼす場面を経験しますが、息子の恭介くんのときは怒り、鉄平くんのときは怒りませんでした。どうやら「ジュースをこぼした」という事実がみちるさんを怒らせたというわけではないようですね。

では、どういうわけか？

思うに、みちるさんは、「恭介くんは怒ってもいい」「鉄平くんは怒ってはいけない」と考えていたのです。

つまり、恭介くんを怒ったのはみちるさんが決めたことなのです。

あなたの怒りも同じではないでしょうか？

あなたも相手によって、意外と冷静に対応を考えているのでは？

自分の子に怒鳴ったり叩いたりしてしまうのであれば、それはあなたが**「自分の子どもなのだから怒鳴ってもいい、怒ってもいい、叩いてもいい」と許可をしている**のです。

誰にでもある「〇〇すべき」の罠《わな》

イラッとしたあとにどんな行動をとるか、それはあなたが決めていることです。

それは「心の枠」に関係します。「心の枠」というのは、あなた自身が決めたルールです。

たとえば、子どもの通う幼稚園のバスが、毎朝、決まった時刻にやってくるとします。あるおかあさんは「集合時刻はきちんと守るべき」という「心の枠」を持っています。別のおかあさんは、「子どもはいろいろな事情で遅れることがあるから、多少集合時刻を守れなくてもしかたがない」という「心の枠」を持っています。

そこに、毎日遅れ気味にやってくる親子がいたとします。

「集合時刻はきちんと守るべき」というおかあさんは、毎日遅刻する親子にイライラしっぱなし。

「早めに起きるとか、少し早めに行動するとか、少しは工夫できないのかしら……」

一方、時間に緩《ゆる》いタイプのおかあさんは、「どこの家庭もそれぞれの事情があるんだから、別にいいんじゃないの〜」と何とも思わない。

これが「心の枠」の差です。

毎日遅刻する親子が、イライラの原因ではありません。それは単なる出来事です。**「心の枠」が、怒るか怒らないかを決めている**のです。

「心の枠」は誰でも複数もっています。

「心の枠」の数がとても多い人＝「マイルールの多い人」です。

「心の枠」の大きさが小さい人＝「マイルールの厳しい人」です。

こういう人はイライラが増えます。「こうしなきゃいけない」「普通はこうあるべき」と考えているのに、毎日の生活で見聞きする出来事や他人の言動がマイルールに反することが多いからです。

心の枠を広げる魔法の呪文《じゅもん》

でも、安心してください。「心の枠」を広げる魔法の呪文があるのです。誰かの言動に対し「何よ、あの態度！　普通はこうすべきでしょ！」などとイライラしたら、こんな質問を自分に投げかけてみましょう。

「それって誰が決めたの？」

すると「あれ、そういえば誰が決めたんだろう」と思うことがほとんどでしょう。こうすることでイライラや怒りと少し間をとることができます。

たとえば、子どもがご飯の前になかなかお風呂《ふろ》に入らなかったとします。「早く入りなさい！」と言ってもゲームに夢中。あなたの心にイライラがわいてきます。

そのとき、「それって誰が決めたの？」と問いかけます。

お風呂に入るのは「ご飯の前」と誰が決めたのでしょう。

世界を見渡せば1週間に1回しかお風呂に入らない国もあります。もちろん衛生上はお風呂に入ったほうがよいのですが、必ず「ご飯の前」に入らなくてはいけないわけではありません。

子どもがスポーツで疲れきって帰ってきて、食事をしたらいつのまにかリビングで寝てしまったとします。そのとき「歯を磨かないと虫歯になっちゃうじゃないの！」とイライラしてしまったとします。

そのとき「それって誰が決めたの？」と聞いてみます。寝る前に歯を磨くことはもちろん大事です。でも、スポーツで疲れて眠っているのを起こしてまで歯を磨かせる必要があるでしょうか。それに毎日、このようなことが起きるわけでもありません。「まあ、いいか。時にはこういうこともあるわね」と思えば、かわいらしい寝顔を見守れるようになるでしょう。

ご飯の前にお風呂！
おにいちゃん おねえちゃん なんだから…
家事はママの仕事！
それって誰が決めたの？

第一感情を伝えよう

心配や不安がイライラの素《もと》

感情には2種類あります。

不安、悲しみ、苦痛、ストレス、寂しさ、絶望などは第一の感情です。

この第一の感情をもとにして感じるのが怒りです。

つまり**怒りは第二の感情**なのです。

たとえば、日が暮れても子どもが帰ってこないとき、「どうして帰ってこないのかな。連絡もしな

いで」「帰って来たら厳しく言わなくちゃ」とイライラしたとします。

このイライラの第一感情は心配です。子どもに何かあったのではないかと心配しているのです。

時には**期待が第一感情のこともあります**。たとえば、ジュースをこぼした子どもに対する第一感情は「落ち着いた行動のとれる人になってほしい」でしょう。

でもそれが裏切られたためにイライラして、

「何やっているの！」

と言うことになります。

できない子ども、自分の言った通りにやらない子どもに対して、親が腹を立てているということになるわけです。

勉強しない子どもに自分の後悔を伝える

宿題をしない子どもに対して「勉強しなさい！」と怒鳴るのも第二感情ではないでしょうか。

私は小学校5年生の息子に対しては、自分が勉強に対してどう思っているのかという第一感情を伝えています。

「パパも小さいころはあまり勉強しなかった。おばあちゃんは『勉強しろ』と言わなかった。そのときは楽しかったから、よくわからなかったけれど、大きくなってとても後悔している。今さらなんだけど、パパが嫌がっても『勉強はやったほうがいい』と言ってくればよかったと思う」

このように**「もっと勉強すればよかった」という後悔を伝えました。**

すると意外な一言が返ってきてびっくりしました。

「さすがに最近まずいと思うんだよね」

「何が」

「だって勉強してないじゃん」

いい気づきだと思いました。そう感じているなら、いつかスイッチが入り、勉強をやりはじめるでしょう。小学校中学年くらいになると、こうしたコミュニケーションがとれるようになります。

「怒りの記録」をつけよう

記録をつければイライラの正体がわかる

私は「怒らない技術」のセミナーで「薔薇《ばら》という字を書いてみてください」と言います。多くの人は漢字のイメージはわきますが、正確には書けません。要するにわかっていないということです。

怒りも同じ。イライラや怒りの感情を、ぼんやりととらえるのではなく、正体をはっきりさせることで対処法がわかります。

まず**自分の怒りについて理解するために、どんなことに怒ったのか、なぜ怒ったのかを知ることが大切**です。

いつ、どこで、どんなときに、どのくらい怒ったかを記録していくと、**自分の怒りの傾向がわかり、イライラや怒りを少なくしていくことができます。**

「自分はこういう場面で怒りやすい」というパターンがわかれば、それを回避することもできます。

「怒りの記録」は、たとえば次の項目に沿って書き出します。

- 怒ってしまった出来事
- そのときどう感じたのか
- 実際はどうしてほしかったのか
- そのどうしてほしかったかを実現するために何をしたらいいか

「怒りの記録」は書きためて定期的に見返します。

すると自分がどのくらいの頻度で怒っているか、どういう状況でイライラしやすいかがわかります。自分を一歩離れたところから客観的に見ることができます。

たとえば、子どもに対して怒ったことの原因が夫にあるとわかることもあります。夫が育児に対して理解がないとイライラしているところに、子どもがテーブルクロスにペンで落書きをしてしまった。普段ならそれほど怒ることでもないのに、ベースの感情がイライラしていたために、大爆発してしまったというケースです。

「怒りの記録」をつけると、「どうすれば怒らなかったか」「イライラを減らすにはどうしたらいいか」が頭に浮かぶようになります。

それがニコニコおかあさんへの第一歩です！

なお、読者のみなさんには、読者無料プレゼントとして、ダウンロードして使える〈「怒りの記録」どこでもシート〉をご用意していますので、本書巻末をご覧ください。

「○○すべき」という心の枠を広げる

2か月半の男の子のママ

2016年8月に長男が生まれ、子育てを始めたばかりです。

赤ちゃんに対して怒ることはありませんが、自分の思い通りにならないことにイライラすることがあります。

とくに出産直後は寝不足で精神的、体力的にもきつく、ちょっとしたことでも感情の起伏が激しくなりました。

また、今までフルタイムで働いていたのが家にこもるようになって、子育てしかしていない状況のなかでイライラするようになりました。

妊娠中に「怒らない子育て」のセミナーを聞いていました。そのときはまだ子育ての実感がなくピンとこなかったのですが、いざ子育てが始まると、「○○すべき」という自分のなかの固定観念を取り払うことの大切さを実感しました。

育児雑誌を読むと、ミルクを飲ませる時間や量についてきちんと決められています。

でも実際にはうまくいきません。飲ませたいときに子どもが眠っていたり、途中でミルクを残してしまったり。そのたびに不安になり、うまくできない自分に対してイライラしたりしていました。

そんなときに「怒らない子育て」の「心の枠」の話を思い出しました。私自身が「ミルクは○時に飲ませるべき」「ミルクは○○ミリリットル飲ませるべき」というルールに縛られてイライラしているのではないかと思いました。

もちろんミルクも決まった時間に決まった量を飲んでほしいけれど、「たまにはちょっとくらい遅れてもいい」「たまには少し飲み残しがあってもしかたない」という考え方ができるようになりました。

夫は出張の多い仕事で、まだ子どもに慣れていません。

家に帰ってくると「何でこんなに泣くの？」と不思議に思っていたり、子どもと接している時間が少ないのでいろいろと手間取ることが多いのです。

着替えさせるのも遅いので、「早くしないと体が冷えちゃう」「私がやったほうが早い」などと思ってしまいます。

こんなところでも自分に対して、夫に対してイライラしてしまうので感情のコントロールが必要です。

夫と協力して育児をしていきたいです。

第2話 まず、自分の怒りを理解しよう

今日は近所の公園で
恭介の逆上がりの練習です
グググン
やりたくないいっ
逆上がりなんてできなくてもいいよ！
ストンッ
…
あ～残念！もう一回よ！
他の子はもうできるのよ!?
忙しい中見てあげてるのに…！
できないなんてはずかしいわよ！

…だってうまく
できないんだもん
いけない
これじゃあ
今までと
同じじゃない!
子ども柔道
…ということが
ありまして…
あらあら

逆上がりができなくたって大人になって困らないわよ
けろっ
武史も結局できないままだったわよ
ム
キーッ
武史先生が!?
器械系は苦手でね～
意外！
恭介くんができないことで悩んでいるのなら手助けしてあげればいいけど、できなくても平気ならみちるさんがカリカリしなくてもいいんじゃない？
そうでしょうか…
上手な人にコツを聞いてみたら？そのうちできるようになるかもよ
ピラッ
じゃあ『実は怒らなくていいこと』を探してみましょうか

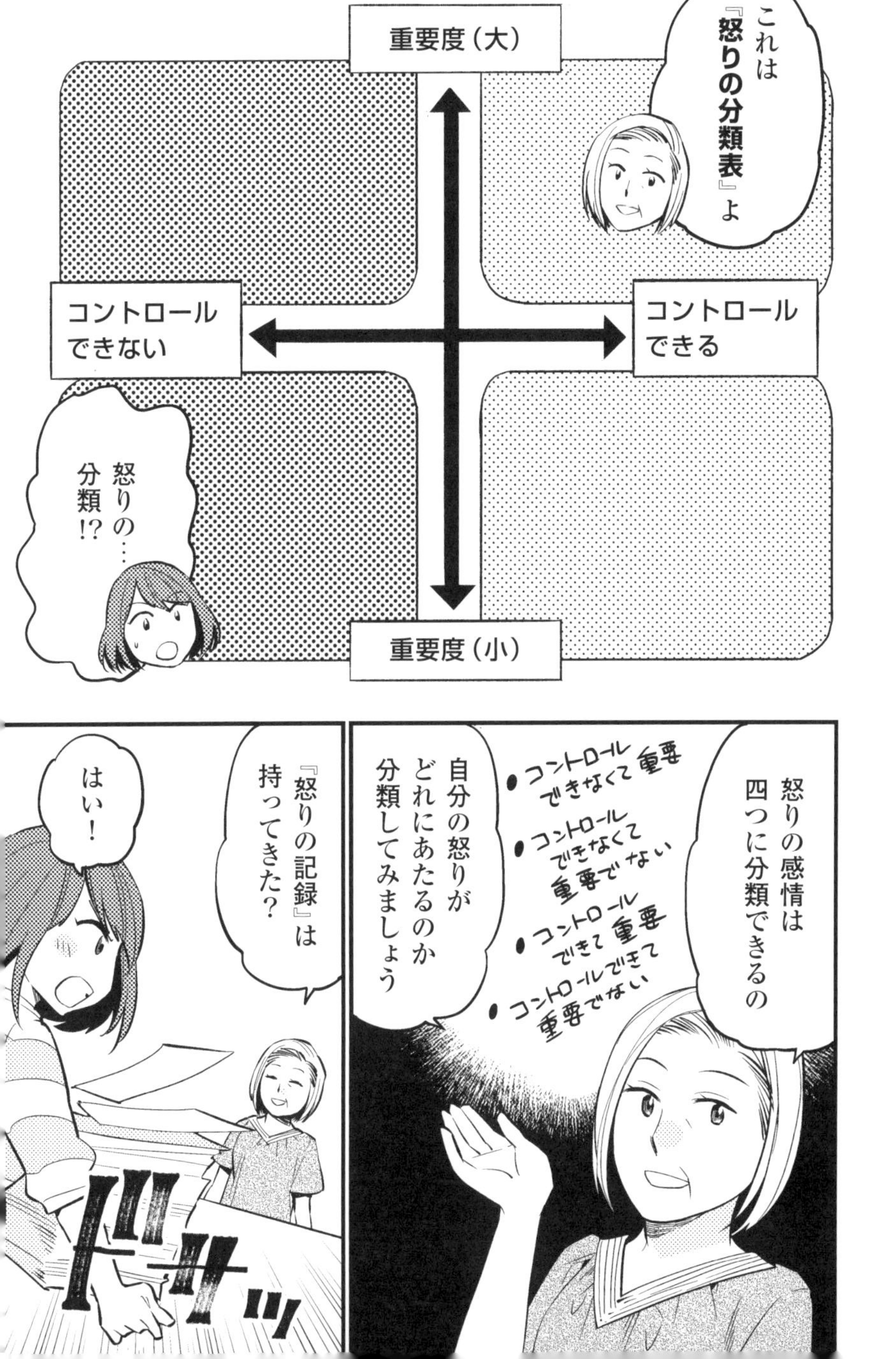
これは『怒りの分類表』よ
重要度（大）
コントロールできない
コントロールできる
重要度（小）
怒りの…分類!?
怒りの感情は四つに分類できるの
・コントロールできなくて重要
・コントロールできなくて重要でない
・コントロールできて重要
・コントロールできて重要でない
自分の怒りがどれにあたるのか分類してみましょう
『怒りの記録』は持ってきた？
はい！
ドサッ

その中から…『重要』で、『コントロールできる』ことだけにフォーカスして
重要度（大）
ここにフォーカスして感情を持っていかれず解決する
受け入れる
コントロールできる
コントロールできない
コントロールして追放する
無視する
重要度（小）
怒りを減らしていけばいいのよ！
えーとこれは…
私が見てないときに宿題をサボるのでイライラした
散らかした部屋を片付けないのでイライラした
こっちは…
早く寝て〜〜
親が添い寝しないと眠れない
スイミングに遅刻しそうになってイライラした

これは…
こっちは…
それは…
どれも重要だし
コントロールできる
内容にしか
思えません～
だから
怒っちゃうん
ですもん～
一緒に考えて
みましょうか
たとえば…
添い寝は
どうかしら
!
重要で
コントロール
できる内容
かしら？
ここだけ
もちろんです!!
恭介の歳で添い寝
なんて聞かないから
重要だし
励ましたり
言い聞かせたりすれば
コントロールできます!!

…と思うんですケド…
ええ
みちるさんちゃんと考えられてえらいわ
確かに重要なことのひとつではあるわね でも こう考えるのはどうかしら？
添い寝はどんな子どもでも時間が経てば治るもの
数年後
ひとりでねられる！
そこにイライラする必要なんてないってね
まあ…期間限定だと思えばたしかに
とはいえ正解はないの
あなたが決めていいことなのよ
私がですか!?

20年後の未来を
考えて…
恭介君に
どんな大人に
なってほしいか
考えていけば
価値観のブレない
子育てができるのよ
20年後の
恭介…
私みたいに
怒りっぽくなくて
おおらかで…
って
それ考えたら
怒ってる姿ばっか
見せられない!!
私
がんばります
その意気よ!

怒りを4つに分けてみよう

これでイライラの4分の3とおさらば

みちるさんのように子育てに一生懸命なおかあさんほど、イライラする場面に出くわすことが増えます。子育てにイライラはつきもの。**怒りやイライラといった感情をなくすことはできませんし、なくす必要もありません。**

重要なのは、これらの感情を上手にコントロールすることです。

最近怒ってしまった出来事はありますか。イライラしたこと、ムカムカしたこと、何でもいいので思い出してください。

その怒りは、47ページの図のどこに当てはまるでしょう?

「コントロールできない」かつ「重要」「コントロールできない」かつ「重要でない」の

ゾーンに入ったらなるべく無視します。

自分でコントロールできないことに悩んでいても時間の無駄です。雨の日にどうして晴れなかったんだろうと、悩み続けるようなもの。ズバリ、受け入れるしかない！

「コントロールできる」かつ「重要ではない」のゾーンに入ったら、無視してもいいですし、気になるのであればさっさとコントロールして追放します。

時間の経過とともに改善されることも放っておく

いずれはよくなることもそうです。

たとえば、おむつがなかなかとれない、ひらがなが読めないことにイライラする人はいます。でも成長すればおむつはとれますし、ひらがなも読めるようになります。そういうことは大人になるまである程度続きます。

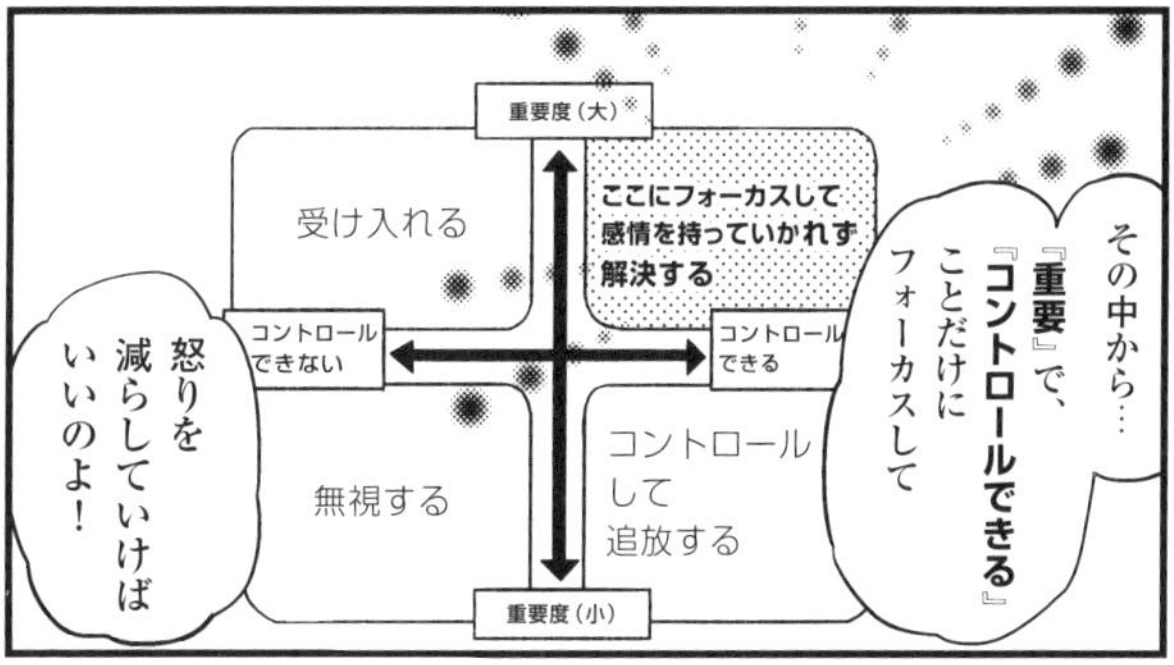

あるおかあさんは、高校生の男の子にイライラしていました。部屋は汚い、食べたものは食べっぱなし、服は脱ぎっぱなし。口を開けば「腹減った」「お金くれ」しかない。でも、先輩おかあさんに聞くと「中高生の男子はそんなもの」という反応ばかりでした。男性の友人10人に「中高生のときに部屋がきれいだったか」と聞くと10人中9人が汚かったと答えました。そこで「放っておいてもいずれは直るだろう」と考えました。

大切なのは「コントロールできる」かつ「重要」のゾーンに入ったものです。これは解決に集中してください。方法はあとからお話しします。


まずは、**コントロールできること、できないことを区別**すること。

そして、コントロールできるイライラや怒りにだけ目を向けて、解決方法を考えます。

他人と過去は変えられないといいます。でも、ちょっとしたことで自分は変えられます。

大切なことはどうでもいいことに心を奪われないこと、そして起きた出来事に心をもっていかれて立ち止まってしまうことです。

イライラや怒りを感じないですむよう、**「自分に何ができるか？」を考える**のです。

親の問題か子どもの問題か分類する

これでイライラが半分に

あるおかあさんが、

「うちの子は小学3年生になるのに補助輪なしの自転車に乗れない」

とイラだっていました。

自転車の練習につきあいながらも、「何でできないの」「勇気を出してペダルを思い切り踏みなよ」など怒るので、その子はとても嫌そうにしていました。

そのおかあさんと話してみると、

- ほかの子ができているのに自分の子どもはできないという焦りからイライラする

・ほかの子のおかあさんにどう思われるかが心配でイライラしている
・子どもに練習する意欲がないことにイライラしている

ことがわかりました。

「自転車に乗れないこと」は**いったい誰の問題なのだろうか**と考えてみましょう。

子どもの問題になったらサポートしてもよい

あるとき、息子に自転車を教えたことがありました。教えて約1時間で乗れるようになりました。

実はそこまでにストーリーがありました。それまで補助輪のある自転車に乗っていました。私は妻と話し合い、子どもが自分から「補助輪なしで乗れるようになりたい」と言い出すまで、親からは「自転車のことについて何も言わない」と決めていました。

親から「そろそろ補助輪を外そう」とか「○年生なんだから外さなきゃいけない」というのは、親のエゴだと思ったからです。

するとあるとき、「補助輪なしの自転車に乗れるようになりたい」と言い出したので、次の日曜日に練習することにしました。そうしたら約1時間の練習で乗れるようになりました。つまり、親としてできるのは環境づくりなのだと思います。

私は子どもの問題を自分の問題にはしません。そして、子どもが自分で解決したくなるのを待ちます。

子どもの問題を自分の問題にしてしまうと、子どもが思った通りにできないときに、親が下手に手伝ってしまいます。すると子どもからは自立心が失われ、人に頼るばかりの子どもになってしまい、**子どもから成長の機会を奪うことになりかねません。**

子どもの問題を親の問題にしてしまうとき、親には「ほかの子はできているのに、うちの子だけできない。恥ずかしい」「みっともない」という気持ちがあります。

あるとき、デパートで走り回っている子どもがいました。そのときおかあさんが、「おかあさんが恥ずかしいでしょ！　お願いだからやめてちょうだい！」

と叫びました。私は一緒にいた妻と思わず顔を見合わせました。

別のときには、まだとても小さな子におかあさんが無理やり「ごめんなさい」を言わせようとしていました。

「何であやまれないの。ごめんなさいって言えないなんて、おかあさん恥ずかしいよ」

と言っていました。

周囲から見ると子どもの問題を親の問題にしてしまっているのが一目瞭然《いちもくりょうぜん》ですが、自分ではなかなか気づかないものです。

問題を分別する魔法の呪文

そこで魔法の呪文があります。子どものことでイライラしたときに、

「それって、誰の都合で怒ろうとしているの？」

と問いかけてみます。

もし自分の都合であれば、自分の感情を表出させるだけの自己満足の怒りです。もし子どもの将来のためと思えるのであれば、イライラしたり怒ったりしないで子どもの行動を変えるような環境づくりをします。

また、「怒りの記録」をつけてみても、自分勝手な怒りに気づくでしょう。

自分が思った通りに子どもが動いてくれない。

子どものためと思って怒っていたけれども、いかに自分のために怒っていたかに気づくでしょう。誰の都合で怒ろうとしているのかを考えてみると、大きな気づきがあります。

ちなみに仏教では次のように怒りを分類しています。

・基本的な怒り（ドーサ）……暗い気分・嫌な感じ
・激怒（ヴェーラ）……表出せずにはいられないほど高まった怒り
・怨み（ウパナーハ）……妄想によって自己増殖する怒り
・軽視（マッカ）……人のよいところを見ずに欠点を探す
・張り合い（パラーサ）……際限なく相手と戦う・つぶす
・嫉妬《しっと》（イッサー）……人と比較し、自分にないものを理不尽に思う
・物惜しみ（マッチャリヤ）……自分の楽しみを他人にあげたくない
・反抗心（ドゥッバチャ）……かたくなで、人の言葉を聞き入れない
・後悔（クックッチャ）……過去の失敗を思い返す
・異常な怒り（ビャーパーダ）……原因のない、破壊的な怒り

こうしてみるといろいろな怒りがあるものですね。コントロールするには怒りの正体を知ることが大切です。「怒りの記録」を見ながら自分の感情をこうした分類と照らし合わせて、その感情をつくらないためにはどうしたらいいかを考えるときっと新しい発見があると思います。

比較することが問題なのではなく…

子どもの成長を比較しても意味がない

マンガのなかで、みちるさんは恭介くんに逆上がりができるようになってもらおうと必死になっていました。子どもが小さいころは、

「○○ちゃんはおしっこが教えられるのに、うちの子は何も言わない……」

「○○ちゃんは歩けるのに、うちの子はつかまり立ちから先に進まない……」

「○○ちゃんは字が読めるのに、うちの子は何もわからない……」

などと、わが子をほかの子と比べて不安になり、それでイライラしてしまうおとうさん、おかあさんがいます。

でも、**成長には個人差があります。**

比較することに、あまり意味はありません。
誰かと比べて歩くのが遅いと嘆いても、次の日に歩くわけではありません。
そして、放っておいてもいつかは歩き出します。
「コントロールできないイライラ」です。
コントロールできないイライラは放置しておいてよいでしょう。

比較して、それからどうするか

さらに学校に行くようになると、成績や運動など比べることが増えてきます。
かけっこなどは1位、2位、3位……がはっきりとわかるので、「○○ちゃんは1位だったけれど、うちの子は4位」などと、どうしても比較してしまいます。

比較して、イライラするだけで終わってしまうのはよくありませんが、自分の長所や短所を明らかにして、改善目標にしたり、自信をもったりするのはむしろよいことです。

怒りと同じで、比較すること自体によい悪いがあるわけではありません。

比較したあとの対応によい悪いがあります。こちらは**子どものやる気と親の環境づくりによって、コントロールする**ことができます。

息子は5年生になってからバスケを始めました。わずか数か月ですが、とても上達しました。でも、まわりと比べるとまだまだです。3年生から始めていた数人の同級生はレギュラーですが、彼は試合に出られません。

このとき「初心者のわりにはうまい」にフォーカスするか、「まわりに比べたらうまくないので試合には出られない」にフォーカスするかによって、対応や使う言葉は変わります。

妻はプラス（「初心者のわりにはうまい」）にフォーカスして「始めて3か月しか経っていないのにドリブルもシュートもずいぶん上手だよね」と言いました。子どもがうれしそうにしていたので、私はそのやる気を削《そ》がないよう気をつけながら、マイナスにフォーカスしました。

「確かにうまくなったけれど、今日は試合に出られなかった。それについてはどう思うの？」

「出たいと思っている」

「出られない理由は何？」

「うまくないから」

「そうだね。わずか数か月で格段にうまくなったけれど、まわりよりうまくならないと試合には出られない。どうする？」

「もっとドリブルとシュートの練習をするよ」

「そうだね」

小学校高学年くらいになったら、事実は事実として認めさせなければいけないときがあります。試合に出たいのに実現していないので、事実を直視させ、さらなる頑張りを掻《か》き立てたのです。

比較してもどうにもならないことは放っておくべきですが、**比較して子どもを伸ばしたり、よい面を引き出すことはできます**。事実を直視し、サポートしていきます。

要するに比較したあとの親の言動が大切なのです。

競争心をもたせようとして、**単純に友だちや兄弟姉妹との比較を口に出してはいけません**。子どもはモチベーションが下がりますし、比較された兄弟姉妹や友だちとの関係が悪化する可能性もあります。

事実は受け止めながら、子どもが前向きになるような言葉がけや環境づくりが親の役割です。

○○ちゃんは もう できるのに…
おにいちゃんは 学級委員 だったのに…
安易な比較は 子どもを傷つけ 子ども同士の関係も 悪化する

甘えさせるのは○、甘やかすのは×

甘えは愛情エネルギーのチャージ

子どもは時々、前触れもなく、甘えてくることがあります。マンガのなかで恭介くんは、まだみちるさんに添い寝してもらわないと眠れないというエピソードが出てきます。

小学生になって、ひとりでいろいろなことができるようになっても、何となく、そばにいてほしい、抱きしめてほしいと思うときがあるようです。

子どもだって毎日いろいろな経験をしてきます。

言葉では表せない、何かちょっとした不安や傷心があったのかもしれません。何か失敗をしたのかもしれません。

子どもが甘えてくるというのは、「愛情」というエネルギーがほしいときです。

ですから、**甘えてきたときに、甘えさせてあげる**ことが大切です。だまって抱きしめてあげて、「どうしたの」と聞きます。何も言わなくてもそのまま抱きしめつづけるだけで子どもは安心できるのです。

ただし、**甘えさせるのと甘やかすのは違います。**

「甘えさせる」は必要な要求に応《こた》えることですが、「甘やかす」のは不必要なものを与えることです。子どもが自分でできるのにさせなかったり、大人がすぐに助けてしまうことを「甘やかす」といいます。

甘やかすと子どもの成長を阻害する

たとえば、自分で学校の準備ができるのに親が先回りして揃《そろ》えたり、子どもが自分でご飯を食べようとしているのに親が食べさせてしまうのは「甘やかす」です。

また、我慢しなければならないことを我慢させなかったり、子どもの要求（とくにお金やおもちゃなどの物質的なもの）をすぐに受け入れ、与えてしまうことも同じです。

物をほしがるのは、親の愛情がほしいからです。

物を与えられることが愛されていることと錯覚すると、際限なく物がほしくなり、心が満たされることはありません。

子どもが転んだときも、「大丈夫」と声をかけ、抱き起こしてあげることを子どもが望んでいるかどうか考えてみてはどうでしょうか。子どもが望んでいないことを、親の意志でやってしまうと、子どものためになりません。

子どもが自分で何かにチャレンジしようとしているときは、あまり干渉しないよう我慢しつつ、遠くから見守ります。子どもがどうしてもできないことがあるとき、どうしても我慢できないことがあるときは、優しく手をさしのべてあげましょう。

「甘え」は子どもを成長させますが、「甘やかし」は将来子どもをダメにしてしまいます。

「甘え」と「甘やかし」の違いを親が理解し、子どもに接することで、しっかり自立できる子どもに育てましょう。

こんなときどうする？

リーダーシップが取れない

掃除のリーダーなら！
まずほうき！次は雑巾だよ！
誰がキレイにできるか競争だ！
…くらいのことしてほしいのに
くるっ
ですよね幸子さん!!
そういったことを後から身につけることもできるかもしれないけど…
受け入れる
フォーカス
人に強く言えないのは気質ってこともあるわよ
フォーカスから外してあげてもいいかもね
これからも機会はあるし…
まいっか！

こんなときどうする？

兄弟ゲンカ

身内のことだし心配なんですよね…
一つしかないのに取り合うことが多くて
VS
パターンが分かっているなら同じものを与えることで解決するかもだけど…
いつもできるとは限らないわよね
ケンカから我慢や協調性を学べる側面もあるし
なるべく親が出ずに見守るといいわね
フォーカス
無視する
そういえば私も妹といつの間にか仲良くなったし…
重要じゃないかも！
わい
わい
順番なー

\\ こんなときどうする？ //

偏食

重要度は小さいと思うし私だってうるさく言いたくないいんですけど
ハア…
魚は良質なタンパク質だし食べてほしいいんですよね…
コントロールして怒りを追放しちゃいましょ！
フォーカス
追放する
レシピ
例えば…臭いが苦手ならカレー味のムニエルにしちゃうとか
カレー粉
魚のすり身をハンバーグにしてソースを工夫したり
シーチキンや魚肉ソーセージを使うのもいいわね
まぐろ
調理法にこだわらなくてもいいんですね！
すぐできそう
おいしい

\\ こんなときどうする？ //

約束が守れない

まずポイントは『コントロールできる約束か』
次のテストで100点を取るという約束は…
できるって！ヨユ～
ガーン
思ったよりむずかしい
テストの内容がわからない限り無理でしょ？
『毎日ドリルを2P』など、できる約束にするといいわね
次に『守れない約束をしていないか』
『テスト前にゲームをやったら取り上げる』と言いつつ…
ぐずるから渡しちゃったりしてない？
ギクッ
それを繰り返すと『約束を破っても大したことはない』と思ってしまうの
親自身も言った約束を守るのが大事よ
フォーカス
コントロール可能になりますね！

第一感情を伝えると子どもに変化が

中3の女の子、中2の男の子のママ

「怒らない技術」シリーズの第一弾である『怒らない技術』を読んでから、子どもを叱《しか》ることはあっても、イライラしたり、怒ることはなくなりました。私はシングルで、娘、息子、実母の4人暮らし。実母がおかあさん役、私がおとうさん役という感じです。

イライラしまくっていたのは離婚直後。子どもたちは小学校の中学年で心身ともに変化が始まり、私自身は仕事を頑張らねばと考えており、母は子どもたちを「きちんとしつけなければ」と厳しく接していました。家族全員がいっぱいいっぱいでした。

子どもたちは脱いだ服は放ったらかし、遊んだおもちゃは出しっぱなし。それを見た母が怒鳴るのですが、まったく言うことを聞きません。母はさらに怒ります。私はすべてにイライラし、逃げ出したい気持ちでした。私自身も怒鳴っていたし、時には手を上げることもありました。

そんなとき書籍『怒らない技術』で第一感情と第二感情について学び実践しました。それまでは「洗濯物を片付けなさい」「おもちゃを棚に戻しなさい」などと主語を「あなた」にして伝えていたので批判的でしたが、「洗濯物を片付けてくれるとうれしいな」「おもちゃは棚に戻してくれると助かるな」と主語を「私は」にして伝えるようにしました。するとだんだん素直に行動してくれるようになりました。「こういう言い方のほうが子どもは動くのか」と驚きました。

私がイライラしなくなると子どもたちとの関係が変わりました。

最近、高校生になった娘とよく話をします。娘は「おかあさんと対等に言い合える日がくるなんて思っていなかった」とうれしそうに言いました。私も少し余裕ができ、上から目線の発言をしなくなりましたし、子どもの前でおちゃらけたり、ふざけたりすることもあります。かつて憧《あこが》れていた姉妹のような親子になりつつあります。

中学生になった息子は年代的に少し距離をとっていますが、仲良く話すこともあります。先日は、ルービックキューブを6面揃えるところを見せてくれました。特技がほしいと練習したそうです。3人で楽しく話し、娘が「久しぶりに家族で笑えたね」と言っていました。イライラしなくなったことで家族の関係に変化が起きたのだと思います。

第3話

コントロールできることにフォーカスしよう

恭介！
準備できた？
ガサ
ゴソ
はっ
ママ…
ピラ
リコーダー申込
これ
今日いるの…
え!!?
リコーダー申込書
提出期限…今日!!?
何で今出してくるのよ!!?
ムカ
こ、これは重要度が小さくてコントロールできる問題ね
えいっ
それならコントロールして追放！
イライラ
そして第一感情を伝える…！
第一感情

恭介
期限ギリギリに
プリント出されたら
ママ困るわ
準備をするのにも
時間がかかるの
…
ごめんね
うん
ちょっと
待ってね
よし！
怒らずに済んだ
ほっ
イライラママ
卒業かな!?
ぐっ
…と
思っていたのに…

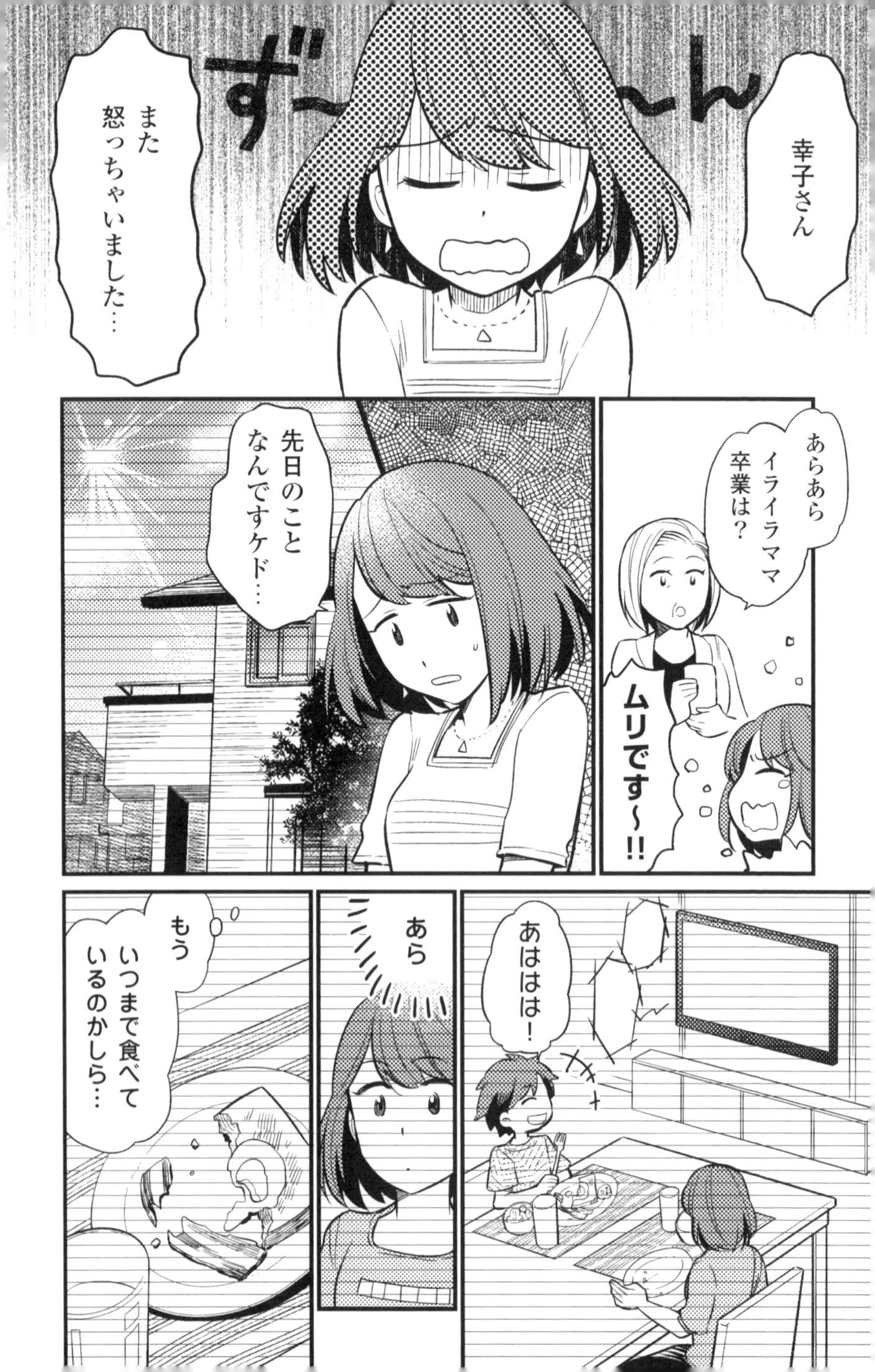
幸子さん
ず〜〜ん
また怒っちゃいました…
あらあらイライラママ卒業は?
ムリです〜!!
先日のことなんですケド…
あははは!
あら
もういつまで食べているのかしら…

イラッ
時間無いのに
イラ
イラ
イラ
イラ
カバンの用意もしてないのに…
ブチッ
恭介―――!!!
どっかーん
ビクッ
いつまで食べてるの
学校に遅刻するでしょ
ダラダラ食べないの!!
だいたいあんたはいつもいつも
ぱくぱく
ごくごく

…って感じで…
どよん
くすっ
『人の性格と過去はコントロールできない』
…？
けれど『これからのことはコントロールできる』わ
そのために…
環境を変えるのよ
環境…ですか？
そう！テレビがついていたら子どもは気が散って早く食べられないわよね
たしかに…

だから朝食のときはテレビを消してしまうの
しーん
しーん
そうすると朝のニュースが…
あっスマホで見ればいいか！
そう！
他にも宿題をさせるにはどうしたらいいか
片付けさせるには…を考えて
怒らなくていい環境にしてしまうのよ
環境づくり…
なるほど！
ムダ使いしないためにおこづかいを減らすとか!!
ま…まあ似たようなものかしら？

子どもを思い通りに動かそうと思わない

親がやらせたくても子どもが知らないことも

前述した通り、怒らない技術の基本は、コントロールできることに集中することです。コントロールできるイライラや怒りにだけフォーカスして解決方法を考えます。

まず、**子どもを思い通りに動かそうとは思わない**ことです。子どもであろうと誰であろうと、他人は変えられないのだということをまずは肝に銘じましょう。

いくら親がやらせたいと思っても、子どもがやり方を知らないこともあります。実のところ子ども時代の私は片付けのしかたを知りませんでした。

母親に「片付けろ、片付けろ」と何度も言われていました。**自分では片付けたつもりになっていたので、何でいつも「片付けろ」と言われるのかわかりませんでした。**私は、出したおもちゃを部屋の端に寄せて片付けたつもりになっていたのです。

あるとき母親から見本を見せられました。

「あなたが本を出すよね。床に置いておいたら散らかったままだけれど、元の場所に戻したらどうなる？」

「えっ？　片付く？」

「そう。これが片付けよ」

教わって「なるほど」と感激したことを覚えています。元の場所に戻したら散らからないというのが非常に印象的でした。

子どもは親の言うことを聞かないもの

もしかしてあなたは「子どもは親の言うことを聞くべきだ」と思っていませんか？

そして聞かない子どもに対してイライラしたり、強い言葉や力で伝えようとしていませんか？　私は、

「そもそも子どもは親の言うことを聞かないものだ」

「親の言うことはなかなか伝わらないものだ」

と思っています。

子育てを終えたベテランのおとうさん、おかあさんも同じことを言います。

それならば言うことを聞かなくても腹が立ちませんし、伝わるように言葉をつくします。わかってもらえなければ何度でも説明をしますし、話をします。

子どもですから、理解し、納得するには時間がかかります。一度言っただけでは伝わらないことがほとんどです。そうしたことを頭に入れつつ、繰り返し言葉をかけていくことが大切です。

子どもは
大人の言うことを
聞くのが当然
という
心の枠を
もってない？
子どもと大人は対等！

子どもが自然と動く環境をつくる

子どもを簡単にテレビから離す方法とは

子どもが動くような環境をつくるとは、それほど大げさなことではありません。

テレビを見るとき、いつもかじりつくように見ている子どもに、「離れて見なさい！」と怒っているおかあさんがいました。しかし、何度言っても言うことを聞かないためにイライラが募《つの》っていました。

ですが、この問題は簡単に解決してしまいました。

テレビを見るとき、子どもはソファーに座って見ていましたが、**ソファーがテレビに近いことが問題だった**のです。

ソファーをテレビからさらに1メートル離したら問題解決。それからイライラすることはなくなりました。

「なあんだ、そんなこと」と思うでしょう。そうなんです。解決策は意外と単純です。


息子がまだ小さいころ、私はメガネをかけていました。

子どもを抱いていたら、私の顔に子どもの手があたり、あっという間にメガネが曲がってしまったのです。

買ったばかりの高価なメガネだったので、一瞬、「マジかよ」と思いましたが、「同じことが起きて繰り返しイライラしないためにどうしたらいいのか」と考えました。

「よし、コンタクトにしよう」

メガネを壊されるんじゃないかといつも気にするのは面倒臭いし、壊れてイライラするのもご免です。そんなことで大切な息子を抱っこできなくなるのは馬鹿馬鹿しい。それでコンタクトにして、きれいさっぱりイライラのタネを解消しました。

スケジュールを小さくする

子どもが自然に動くようになるには、なるべく具体的な決め事をすることです。

ある家では「学校から帰ってきたらすぐに宿題をやる」と決めていました。

でも、おやつを食べたり、テレビを見たりして、なかなかとりかかりません。

おかあさんは「6時までに宿題を終わらせること」と言って様子を見ていましたが、やる気配はありません。

「いつまでダラダラしているの！　早くやりなさい！」

「何回同じことを言ったらわかるの！」

イライラを抑えようと頑張っていたのに、ついに爆発してしまいました。

私にも似た経験がありますが、このような場合、「6時までに終わらせてね」ではなく、もっと細かく具体的に指示するとよいでしょう。

たとえば、**「15分で5問解いてね」とわかりやすく伝える**と、子どもはゲーム感覚で宿題を始めました。

段取りを変えてみる

別のおかあさんは、子どもの習い事がある日にイライラしがちだということに気づきました。

先ほど紹介した「怒りの記録」に書き出してみると、実際、習い事のある日は、ほかの日に比べてやることが多いのです。宿題を見る、夕食をつくる、習い事の準備をする、といくつもやるべきことが重なっているので、子どももどことなくソワソワしていて、宿題に集中できません。

そこで夕飯は昼間のうちにつくっておいて、レンジで温めればすぐ食べられるメニューにしました。そして子どもが宿題をしているあいだ、そばで見てあげるようにしたのです。すると、子どもは集中して取り組むようになりました。

このように環境を変えることで子どもの行動を変えることができます。

夕飯は
おまかせ！

＼＼ こんなときどうする？ //

プリントを出させる工夫

月
火
水
木
金
土
日
金曜日は注意が必要よ
一週間の終わりで気が抜けてたり
週末はイベントごとがあったりして月曜の準備に気が回らないのよ
私もそれわかります…
ね
そういうときは…
トホホ
日曜夜のアニメが始まる前に必ず支度するとか
習慣をつけるといいわね
4
5
おでかけ
6
準備
7
アニメ
ごはんのしたく
アニメ
夕ごはん
そのときに私も仕事の準備しておこうっと！
そして――
恭介～アニメもうすぐよ！
はーい今から準備するー
へへ
徐々に慣れてくれればいいのよね！

自分から宿題をやる工夫

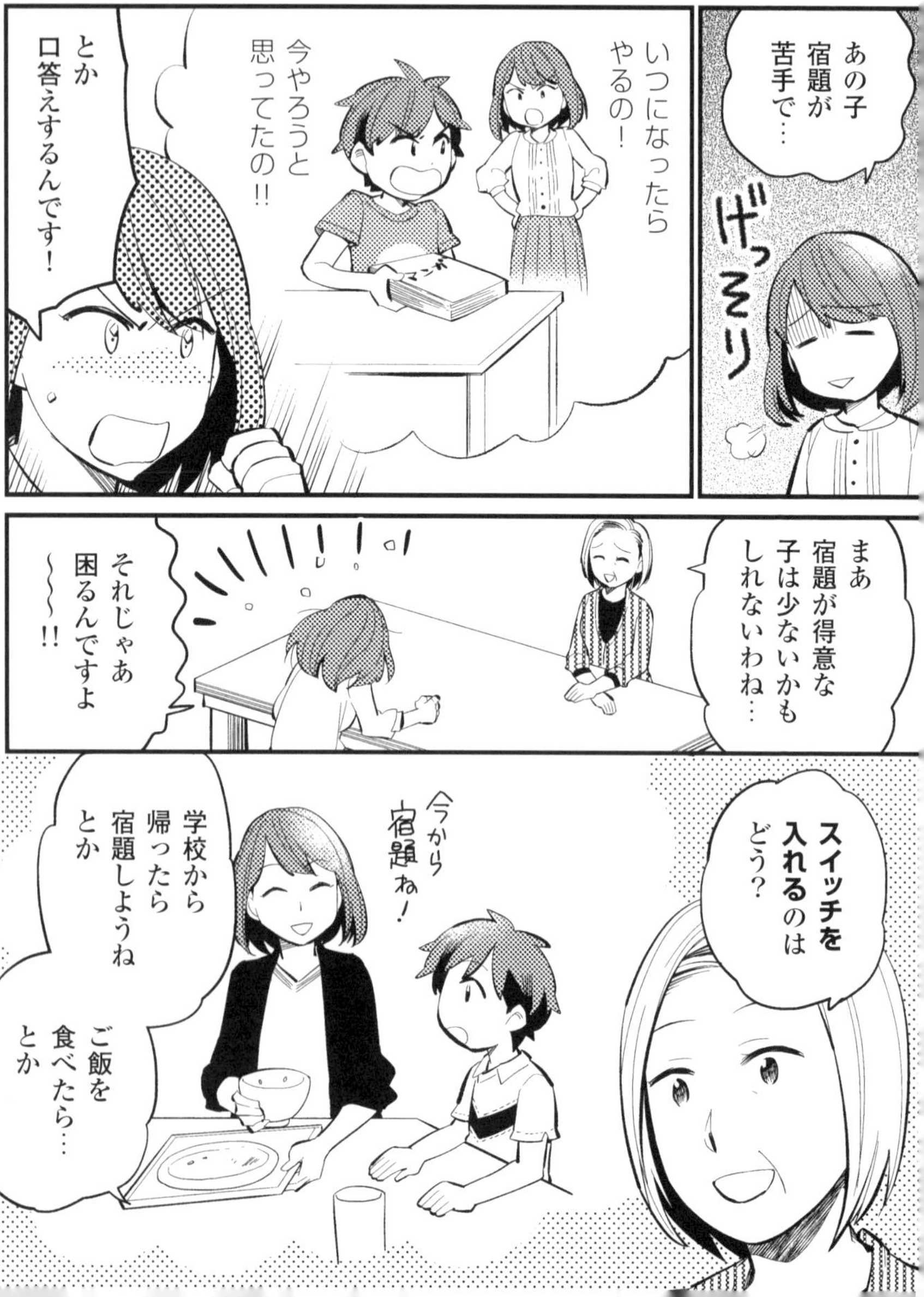

恭介にもいつも言ってるんですけど
いつまでたってもやらないんですよ～
まだやってないじゃない!!
それでまた声を荒らげちゃってイライラ…
そうね…子どもは思い通りに動くわけじゃないものね
ゲーム感覚にしてみるのはどう?
ゲーム!?
そして――
恭介っよーいどん!
10分で5問解いてみよう!
よーし!
これなら楽しい!

こんなときどうする？

自分から片付ける工夫

その上で徐々にみちるさんがやる分を減らしていって…
約束させるの
一人でできるね！
それに…子どもはどうやって片付けたらいいのかわからないのかも
えっ!?
「片付けなさい」と言うより…
ここだった
「これをここに片付けるのよ」って言ってあげるとわかりやすいわね
そして片付けできたよ！
習慣にできたわ！

＼＼ こんなときどうする？ ／／

靴を揃える工夫

こういう工夫はどう？
わ！床に貼っちゃうんですね！
マスキングテープならあとではがせるし揃える習慣がつくまではね
カワイイ柄もあるし
アイデア次第ですね～!!
そうね子どもに対して「どうしてやらないの」ってイライラするより…
「やりやすい方法を探そう」って考えるのよ
なるほど～
これならイライラしなくて済むわ！

こんなときどうする？

楽しいことをおしまいにする工夫

…ていうことがありまして…
ホント反省…
恭介すごい剣幕で…
しゅん…
楽しいことをジャマされてイヤだったのね
一方的に「ごはんよ」「お風呂よ」「帰るよ」って
親の都合で進めるんじゃなくて
おしまいにするよ!
不満
そのときの子どもの気持ちによりそって**納得できる区切り**にしましょうね
そして——
マンガおもしろい?
うん!
じゃあ読み終わったらごはんにしよっか!
食べる!

夫婦の決め事はふんわりと

高2の男の子、小1の女の子、年中の男の子のママ

私は夫婦で何かをきちんと決めるというのが苦手というか、「だいたいがいい」と思うタイプです。夫も同じような性格なので、最低限の決め事でいいかなと思っています。お互いの価値観がわかっているつもりなので、子どもや家族について、お互いの見解の相違をすり合わせていく必要性は今のところ感じていません。

ただ、コミュニケーションはとっています。たとえば、習い事です。子どもが習いたいものができたらやらせようと思っていて、私が「○○がやりたいんだって」と夫に伝え「じゃあそうしようか」と会話のなかで決めていきます。

家事や育児についても、夫は私が言えば気持ちよくやってくれますが、自分から仕事を見つける感じではありません。でも、それでいいと思っています。夫がやってくれることが私のやってほしいこととは限らないからです。たとえば、洗濯物をたたんでタンスにしまったり、お皿を収納するなどは、あとからの使い勝手があるので、自

分でやりたいと思っています。

「怒らない技術」のなかに「怒りの記録」をつけるという方法が出てきます。早速やってみると、私の場合、タスクが2、3個重なるとイライラすることに気づきました。そこでタスクをホワイトボードに書き出しています。

たとえば、「皿を洗う」「犬の世話」「買い物」「お風呂の掃除」「うわばきを洗う」などとリスト化します。最初は自分の整理のために始めました。タスクがわかるだけでも「これだけやればいいんだ」「これが私のイライラの素なんだ」と少しすっきりします。あとはやるだけです。タスクが減っていくとさらにすっきりします。

すると夫がそれを見て、自分でできそうだなと思うタスクからやってくれるようになりました。そして、やったものに青い線を引きます。
私のイライラ解消を夫が手伝ってくれるようになった感じがします。

第4話

伝え方は選べる（前編）

子ども柔道
あら みちるさん…
いつになく暗い顔ね
はい…
最近恭介の帰りが遅いんです…
6時までには帰るようにって約束してるんですけど…
まだか…
約束を破ってしまうのは重要なことでコントロールできることだと思うし
『自覚してくれなくて悲しい』っていう第一感情も伝えています
ここ
フォーカス
恭介が出かけるときに声かけもして…
6時には帰るのよ
はーい!

でもうっかり遅れちゃう
もうこんな時間でしょ!?
ガミガミしたくはないけれど
こうも続くと正直…ストレスで…
ポン
みちるさん
怒りにフタをすることないのよ
イライラするのが悪いわけではないし怒りは必要な感情なの

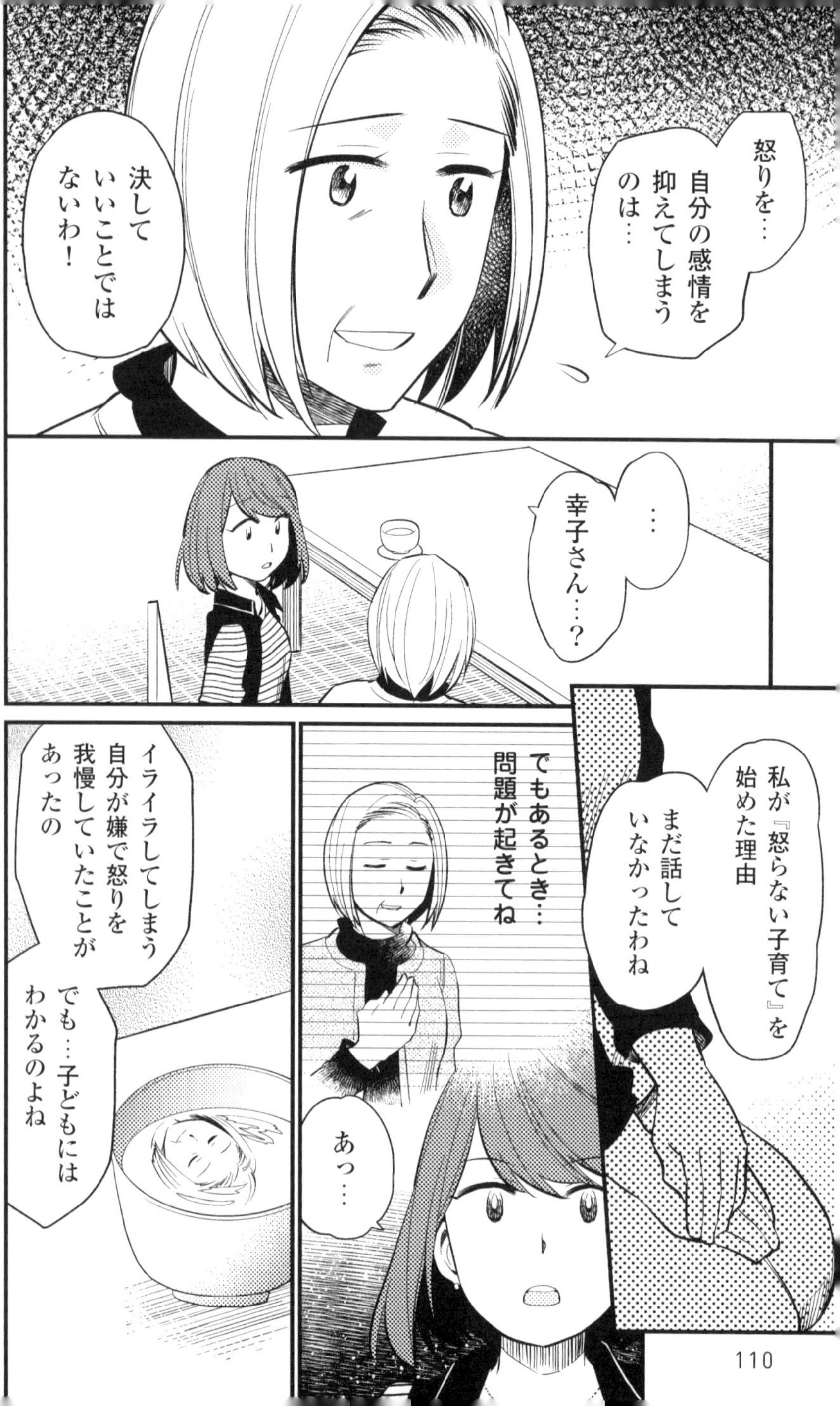
怒りを…自分の感情を抑えてしまうのは…
決していいことではないわ！
…幸子さん…？
私が『怒らない子育て』を始めた理由
まだ話していなかったわね
でもあるとき…問題が起きてね
あっ…
イライラしてしまう自分が嫌で怒りを我慢していたことがあったの
でも…子どもにはわかるのよね

帰りが遅くても仕方ない？
ホントにそう思ってんの？
かあさんはいつも何考えてるかわかんないよな
どうせ俺のことなんて
どうでもいいと思ってんだろ！
ガッ
武史!!
息子は感情を抑えて接する私を信じられなくなっていた…
そして——…
プルルルル
ええっ！息子が…
クラスメイトに怪我を…!?

息子も私と同じで感情の行き場がなくなったのね
学校への呼びだしも多かったわ…
そんなことが…
――だからねみちるさん
自分の怒りも感情も無視しないで…
ちゃんと伝えることが大切なの
そして伝える際には尊重が大切
尊重をしていれば親も自分の感情に素直になってもいいのよ
やみくもに怒りを抑えることが『怒らない子育て』じゃないの
コクリ

ガチャ
ただいまー
恭介っ！
帰るのが…
おっと
また
怒っちゃった
ママね
あんまりガミガミ
言いたくないの
でも…心配
だったから…
ごめんね
ふる

遊ぶのが楽しいのはわかるわ
ママだって小さい頃…ママのママ つまり恭介のおばあちゃんによく怒られたもの
ママも!?
そうよ
ニコッ
でもママはね勉強も運動もしっかりやってるかっこいい恭介なら
もうそろそろ約束を守れると思う
恭介はどう思う?

ぎゅ
あのね…僕…
時計が気になってたんだけど…
ワー
ワー
みんな帰らないからいいやって思っちゃってた
ごめんねママ ちゃんと気をつける
「僕は帰る」ってちゃんと言うよ
恭介が自分のことを話してくれた…！
ありがとう恭介 大好きよ

伝え方は選べる

暴力で感情を伝えてはダメ

イライラや怒りは我慢してはいけません。きちんと伝えることが大切です。このとき重要なのが「きちんと伝える」ということです。**怒りの感情そのものにはよいも悪いもない。怒りの表現、つまり、表出の仕方によい・悪いがあるのです。**

子どもに「怒る」場合、怒りを伝えることで「それが悪いことだ」と理解させたいという気持ちがあることがあります。

ですが、**「叱る」のと「怒る」のは違います。**親の思うようにならないとか、イライラするなどで、親が感情的になって怒るのではなく、子どもの自立を促すサポート役として、**子どものしつけのために叱るのだということを意識**しましょう。

叱るには、労力と時間が必要です。

ですから人は、手っ取り早く暴力を使って解決しようとしてしまいます。

暴力には力による暴力、言葉による暴力、感情による暴力があります。

感情による暴力とは、自己本位に発生させた感情で、間違った怒りの表出です。

暴力を使ってしまうのは、そのほうが楽だからです。暴力は、強い立場の人から、弱い立場の人にする卑劣な行為で、自分に甘い人、弱い人がしてしまうのです。

いちばん大切なのは子どもを尊重すること

こうした暴力は使わずに、伝えるべきことは伝えましょう。

「怒り」の感情を上手に伝えるには、4つのポイントがあります。それは**「事実」「影響」「感情」「尊重」**です。

- 相手のどの行動に問題があったのか具体的な「事実」を伝える
- その行動がどんな「影響」をもつのかを具体的に伝える

・どんな「感情」が芽生えたかを率直に伝える
・相手に「尊重」を示す

マンガのなかのみちるさんの恭介くんへの言葉で確認してみましょう。

「恭介、帰るのが…（遅かったね）」▼事実
「ママね、あんまりガミガミ言いたくはないの。でも心配だったから…ごめんね」▼影響
「遊ぶのが楽しいのはわかるわ。ママだって小さいころ…ママのママ、つまり恭介のおばあちゃんによく怒られたもの」▼感情
「でもママはね、勉強も運動もしっかりやってるかっこいい恭介ならもうそろそろ約束を守れると思う。恭介はどう思う？」▼尊重

このように**「事実」「影響」「感情」「尊重」を押さえると、話しやすく、また相手も受け取りやすい**のです。順番はこの通りでなくてもいいですし、時と場合によっては2つ、3つのポイントで終わってしまう場合もあるかもしれません。

なかでも「尊重」が大切です。「〇〇ちゃんはどう思う？」と尊重してあげることで、「一方的に怒る」ということがなくなるのです。

イライラをなくすコツ

イライラしたら3つ数えよう

＼＼ イライラをなくすコツ ／／

自分と子どもの立場を入れ替えてみよう

イライラをなくすコツ

何でも話せる相談相手をもとう

\ イライラをなくすコツ /

魔法の呪文をもとう

イライラをなくすコツ

その場から距離を置いてみよう

イライラをなくすコツ

目の前の景色を変えてみよう

イライラをなくすコツ

子どもの良い部分に目を向けよう

イライラをなくすコツ

とにかく「怒らない」と決めてみる

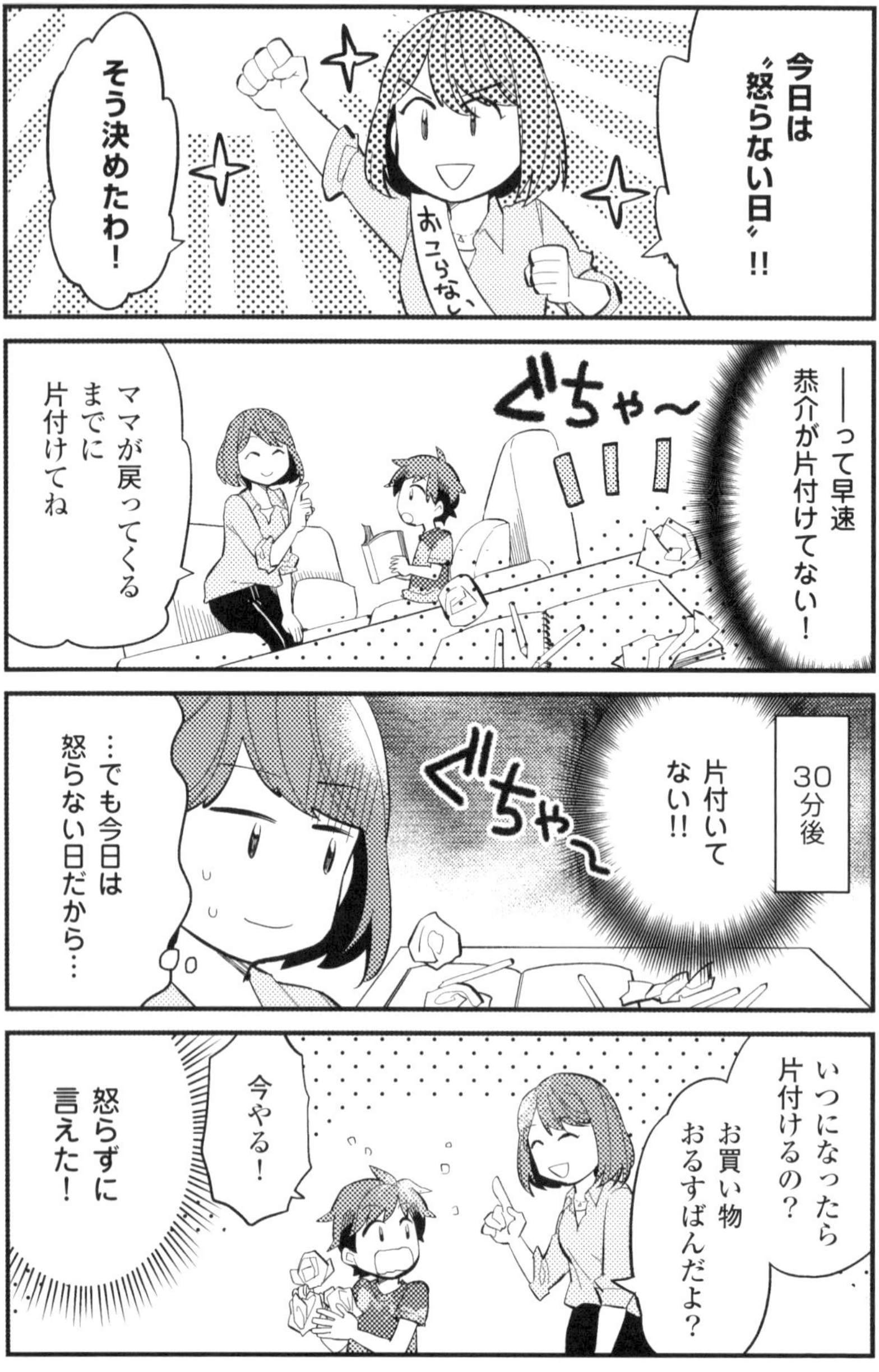

イライラをなくすコツ

「○○しない」と決めてみる

イライラをなくすコツ

心の枠を変えてみよう

怒らない子育て実践コラム④

怒ってもいいよ、と言ってくれるのが「怒らない子育て」のよいところ

高2の男の子、小1の女の子、年中の男の子のママ

わが家には3人の子どもがいますが、年齢に差があります。

高校2年生の息子は出かける時間がゆっくりめですが、小1の娘、年中の息子は早いのです。

毎朝下の2人を起こし、食事をさせ、小学校と幼稚園へ行く準備をして送り出し、高校生の息子の食事の準備をして送り出します。

夕方は下の2人をお風呂に入れ、食事をして寝かしていると、息子が帰ってくる……などと活動時間が微妙にずれているので、家事を回すのが大変。

朝から晩まで時間に追われている感じがします。さらに下の2人がケンカするので仲裁したり、年中の子が私に甘えるのを見た小1の子が攻撃的になったりもします。

下の子たちには口癖のように「早くして」と怒鳴りつけていました。

冷蔵庫の扉を思い切りバーンと閉めたり、お皿をテーブルにガシャンと置いたりし

ました。それは「忙しいんだから早くして」というアピールなのです。もちろん子どもたちには伝わりませんが（笑）。

下の子を寝かしつけているときに高校生の息子が帰ってきて、「ご飯、どこにあるの？」と言ったりします。せっかく寝そうだったのにすっかり起きてしまったりするので、「空気読みなさいよ！」とイライラします。

そんなときに「怒らない子育て」を知りました。

効果はすぐに表れて、自分のなかで、怒りの沸点に達するまでの時間が緩やかになりました。

何だかもうひとりの自分がいて、自分のことを冷静に見ているような感覚があります。「今の怒りのレベルはこれくらい」などと客観的に見ている自分がいるのです。

怒りの沸点に達しても、大爆発のレベルが3割くらい下がったと思います。

「怒らない子育て」のなかで、「怒りの感情はなくす必要はない。無駄なイライラや怒りが減ればいい」という言葉が心に響きました。

「怒りが減っている。頑張っているね、自分」と感じるとうれしくなります。

時々イラッとして、「はあ」とため息をついてしまうことはありますが、大きなイライラはなくなりました。

第5話

伝え方は選べる（後編）

今日こそ…
あのときのことを聞いてみよう
うわああぁん
ねぇ恭介
うん?
前に鉄平くんと言い合ってたよね
どうしてあのとき——…

鉄平くんを叩いてしまったの？
…
それ…は…
一方的に怒鳴らず
恭介を尊重して──…
あ…
あのね
鉄平が
あんなこと言ったから…

ねえ 恭介さぁ
なに?
恭介のママ いっつも不機嫌だよね
うちのママは いつもニコニコ してるのに…
パーン

ママがバカにされたと思ったんだもん
それで叩いちゃって…
そうだったのね恭介
…うん
理由もなく叩くはずないのに
ママのために怒ってくれたのね
あのとき私は怒鳴りちらして
ありがとう恭介

だけど…
ママが言いたいこと
わかる？
…うん
鉄平
痛かったと思う
そうだね
鉄平くんも
ママをバカにした
つもりはなかった
かもしれない
なんでだろ
ぐあいでも
わるいのかなあ
どうしてそんなこと
言ったのか
叩く前に聞けば
よかったね
ぼくも…
ママをそんな風に
言われるの嫌だって
言えばよかった
恭介
すごい…！

私が言わなくてもちゃんと
怒りのコントロールの方法がわかったんだね
自分の気持ち話してくれてありがとう
恭介
うん！
明日鉄平くんに謝れるかな？
できるよ！
気付けてよかった
恭介の成長に

理由を聞く、相手の立場に立つ

言動の背景を知ろう

私がセミナーなどで参加者にプレゼントしている「魔法の呪文」があります。

それは**「きっと何か理由があるはず」**です。これは、いつでも、誰でも、どこでも使えるので便利です。

マンガのなかでみちるさんも、

「前に鉄平くんと言い合ってたよね。どうしてあのとき、鉄平くんを叩いてしまったの?」

と聞いています。

それによって恭介くんの本当の気持ちを知ることができました。

恭介くんが鉄平くんを叩いてしまったのは、鉄平くんの「恭介のママ、いっつも不機嫌だよね」という発言が原因でした。

子どもでも、大人でも、**言動の背景には必ずその人なりに理由がある**のです。ですから

イライラしたときも瞬間的に反応しないで「きっと何か理由があるはず」と唱えてみます。

実際、私はよく子どもに使っています。

たとえば、片付けをしなかったら「どうしたの？　何か理由があるの？」と聞きます。

朝、なかなか起きてこなかったときも、「どうしたの？　何か理由があるの？」と聞きます。

子どもですから、理由を言えたり言えなかったりですが、そう聞くことで、少なくとも「片付けなさい！」「早く起きなさい！」と頭ごなしに怒鳴ることはなくなります。

子どもの立場で考えると、**一方的に怒られるのと「何か理由があったの？」と聞かれるのとでは、ぜんぜん違う**でしょう。子どもはその一言で救われるのです。

みちるさんのように子どもの成長に感動しながら、「自分の気持ちを話してくれてありがとう」と言える日がきっとあなたにも来るはずです。

自分の経験に基づくアドバイス

このとき大切なのは、子どもを尊重することです。

私の息子は、ひとりっ子なので、ゲームをしたり、タブレット型パソコンで動画を見たり、ひとり遊びが多くなります。ある程度はしかたないと思いながらも、勉強してほしいという気持ちもあります。

ですが、彼を尊重しながら話すよう努めています。

「章聡《あきと》がゲームやるのはしかたがないと思っている。パパも小さいころ、インベーダーゲームにはまっていた。だから、章聡がやることをパパは否定しないけれど、それでいいとは絶対に思わないでほしい」

そして、こう続けました。

「パパの時代とは大きな違いがひとつある。パパのときはゲームセンターに行かなければ、やりたくてもできなかった。でも今はいつでもどこでもできる。自分でけじめをつけない限り、ゲームから離れることができない」

私は子どもが小学校3年生になったころから、**自分の価値観を一方的に押し付けるので**

はなく、自分の経験に基づくアドバイスと思いを伝えるようにしてきました。

こういうときに気をつけているのが、「自分が小さいころはどうだったかな」ということです。

親目線ではなく、子ども目線で見ることが大切です。

親目線で見たらゲームなんて無駄以外の何物でもありません。「その時間をもっと有効に」というのが本音です。ですが自分が子どものころどうだったのかを考えると「やっぱりゲームもやったよな」という発想になります。

なるべく子どもに決断させる

さまざまな選択を話し合ったうえで、最終的にはなるべく子どもに決めさせるようにしています。

小さいころは、何となく塾に行っていましたが、「勉強が嫌だ」と言いはじめたことがありました。

そこで「なぜそう思ったのか」を話し合いました。その塾は毎日夜10時過ぎまでやらないと終わらないような膨大な宿題を出していたので、私自身も「小学校低学年にはきついだろう」と感じていました。

「やる気があるなら頑張ってほしい。でも、無理に塾に行かせるつもりはないよ。これからどうするんだ」

「遊びたい」

私は、学校、遊び、スポーツ、勉強は子どもの4点セットだと思っています。

「小学生が遊ぶ時間がないのは不自然だから、これからは遊ぶ時間をつくろう」

そう言って1週間のスケジュールを話し合うことにしました。


バスケットボールを始めるときも話し合いました。

そのときは水泳、サッカー、テニスをやっていました。バスケをやる時間はないので、どれかをやめなくてはなりません。

「何が続けたいんだ」

「テニスは続けたい」

「じゃあサッカーと水泳は残念だけどやめよう」

子どもの将来を考えたとき、持久力、強さ、チームワークが身につくスポーツをさせたいと思っていました。

持久力は水泳、チームワークはサッカー、テニスは本人が希望してやっていました。強さということでテコンドーをやっていた時期がありましたが、本人に興味がなくなりやめていました。

残念に思いましたが、私にも似た経験があります。

小学校3年生のときに剣道を始めたのですが、数か月でやめてしまいました。病気で1か月休んで「行きづらい」と思いながらも行くと、友だちから、

「おまえやめたんじゃないのかよ」

「もう絶対に来ないと思っていたのに」

と言われました。思っていた通りの反応がまわりから返ってきたので、嫌になってやめてしまいました。

そんな経験から、**子どもなりの理由が必ずある**と思います。

最後は尊重してあげてはどうでしょうか？

子どもが泣いている理由を考えられるように

中2の男の子、小6の女の子、小1の女の子のパパ

ひとり目の子が生まれたころはすごく短気でイライラしてばかりでした。26歳のとき、いわゆる「さずかり婚」でした。遊びたい盛りで、結婚しようとか、親になろうという心の準備がまったくありませんでした。正直自分の置かれた状況に戸惑っていたのだと思います。

子どもの泣き声がたまらなく嫌いでした。とくに夜中に寝ているときに泣かれると「こっちは仕事で疲れているんだ。頼むから寝かしてくれ」とキレそうになりました。それは2年くらい続きました。2歳になったくらいの息子に「男は泣くんじゃない」などと厳しいことも言いました。今から思うと「2歳の子にそんなこと言っても無理」とわかるのですが、当時は自分が幼かったし感情的でした。

いちばん下の娘が生まれ、しばらくしてから「怒らない技術」を知りました。私のいちばんの変化は、物事や感情の背景にある理由を考えるようになったことです。

たとえば、今は理由なくイライラしたり怒ったりすることはありません。「いったい自分がどんな理由で怒っているのだろう」と考えるようになり、瞬間的に怒らなくなりました。

子どもが泣くことに対しても、「何で泣いているのか」「わからないけど、この子なりに理由があるのだろう」と思えるようになりました。

「怒らない技術」を知ってからは、誰に対しても冷静になりました。

それは仕事にも活かされ、いろいろなことを冷静に考えられるようになりました。たとえば、部下と接するときも、相手の考えやこれから起きることなどを考えられるようになりました。指示についても、このタイミングで何を言うべきかを全体のなかで整理できるようになりました。それまでは感覚的に仕事を進めることが多かったのですが、思考回路がロジカルになったと思います。

日常生活において怒りをなくすことは難しいですが、どう減らせるかを意識しこれからも行動していきたいと思っています。また、3人の子どものおとうさんとして自覚がもてたのも妻のおかげだと感謝しております。

子育ては正直大変ですが、今では楽しみにもなっています！

エピローグ
…あ
鉄平くんだわ
恭介
あら？
ﾀﾀｯ

鉄平！
恭介…！
こないだは叩いてごめん
お母さんがバカにされたのかと勘違いしたんだ

ううん ぼくも変なことを言ってごめん
ずっと謝りたかったんだ
…一緒に練習してくれる？
もちろん！
あっ ちょっと待ってて
おかあさん ちゃんとごめんね できたよ！

今の良かったわよ
うん！
一緒に成長していこう
笑顔いっぱいで！

限られた時間のなかで親子で成長しよう

子どもと関われる時間はほんのわずか

恭介くんは鉄平くんにあやまることでひとつ成長しました。

みちるさんは恭介くんの成長を誇らしく思うとともに、自分自身の成長も感じていることでしょう。

実は**「怒らない子育て」を実践すると親も成長する**のです。子育てを通じて、自分自身を成長させることができるのです。

そして、その期間はじつは短いのです。とても貴重な時間なのです。

子育てをしていると、何を言っても言うことを聞かないし、思った通りに動いてくれないという場面があります。冷静になろうとしてもなれない自分にまたイライラしてしまうこともあります。

あるおかあさんは、そんな大変な日々を先輩おかあさんに相談しました。すると、「子どもはすぐに大きくなっちゃうから、大変だったことがなつかしいと思う日がすぐに来るよ」

と言われ、「そんな日が来るなんて信じられない！　今こんなに大変なのに！」とそのときは納得できず、「どうしてそんなことを言うのか、かえってイライラした」と振り返っていました。

でも、そのアドバイスは正しかったと、数年後にわかるのです。子育てに大変な時期は、「この状態が永遠に続くのでは？」と思ってしまいますが、子どもは日々成長します。恭介くんの成長を実感しながら、みちるさんも旅立ちの日がそう遠くはないことを感じていることでしょう。

ですからこの**限られた時間を大切にする**ことです。その時間をイライラしながら過ごすのか、それとも**解決できること、解決すべきことに焦点を当てながら、ハッピーに過ごす**のか。それによってあなたの人生に大きな差が生まれるに違いありません。

怒ってもいい

怒りは少しずつ吐き出す

人は怒りを吐き出すだけで楽になる傾向があります。その一方で、**怒らなかったことによる後悔**もあります。

そのときは怒りをうまく表に出せなかったり、我慢して抑えてしまったりしたために、「何であのとき言えなかったのだろう」「こう言えばよかった」などの後悔があって、そのことにイライラしてしまうのです。

怒りは少しずつたまっていきます。

少したまった状態ではあふれることはありません。コップに水がたまっていき、コップの容量をオーバーすると水はあふれます。

怒りの感情もこれと同じです。

ですから怒りやイライラがたまってきたら、**あふれないうちに少しずつ発散**します。

そうしないと精神的に悪い影響が出て、余計イライラするようになったり、何かの拍子に爆発したりします。爆買い、暴飲暴食などにつながることもあるでしょう。

では、どのようにコップから水をこぼしたらよいでしょうか。

メンターに相談したり、ブログに書いてみる

ひとつにはメンターをもつこと。

みちるさんには幸子さんというメンターがいます。簡単に言うと相談相手のことです。

メンターをもつと子育て中で不安定になりがちな気持ちを落ち着かせることができます。そうするだけでもイライラや怒りの数は見違えるほど減っていきます。

ママ友に聞いてもらうのもよいでしょう。

子育てサークルなどの自分の思いを聞いてもらえる場所や、ママ友、学生時代の友人で互いに子どもをもつ友だち、親、兄弟など、何でも言い合える誰かがいるとイライラは

減っていきます。

もしそういう場所や人がいなければ、自分自身で「○○ちゃんの成長ブログ」というような、ブログを立ち上げてもよいと思います。匿名でも構いません。

そこに、よかったことも悪かったことも含めて、**素直な気持ちをアウトプットすることで、自分の思いも吐き出せます**し、コメント欄などからいいアイデアが入ってくることもあるでしょう。

吐き出すという意味では、日記を手書きでつけてもいいと思います。

思いを吐き出すことで、「イライラをためない」「気持ちをすっきりと落ち着かせる」ことができます。

子どもが何か想定外のことをやってしまったとき、その様子をスマホなどで写真を撮る

と冷静になれたり笑えたりします。あるおかあさんがこんな話をしてくれました。

「あるとき2歳の娘が妙に静かだと思ったら、靴箱から全部靴を出していたのです。瞬間的にイラッとしましたが、『もしかするとよい思い出になるかも』と思い直し写真に撮りました。すると『何だか笑える』と思えたのです」

子どもが自分の腕や脚にサインペンで落書きをしていたときもしたそうです。実際、その写真をたまに見て、くすっと笑っているとか。

怒りやイライラといった感情をなくすことは基本的にできません。あるいはなくす必要もありません。**怒りの出し方さえ間違わなければ、怒っても構わない**のです。

心の枠を少しずつ変えよう

心の枠はいつも変化している

大切なのは怒りやイライラを上手にコントロールしたり、上手に表現することです。

それには心の枠を少しずつ変えることです。

おさらいになりますが、心の枠が多い人はマイルールが多いということ、心の枠の小さい人はマイルールが厳しいということです。

こういう人は、イライラしやすくなります。ですが、心の枠を減らしたり、枠を大きくできれば、イライラは少なくなります。

心の枠の大きさは、いつも同じというわけではありません。

絶えず膨らんだり縮んだりしています。**ちょっとした気持ちの変化で、枠は大きくなっ**

たり、小さくなったりします。

枠が大きく膨らんでいれば他人の言葉や態度、ふるまいは、ほとんど枠のなかに収まるでしょう。イライラや怒りの対象だったことが、すべて枠のなかに入り、「とるに足らないこと」になります。

反対に何かの拍子に枠が縮んでしまうと、ふだんはまったく気にならないようなことでも、イライラや怒りの対象になってしまうのです。

つまり、**経験している出来事は同じでも、そのときの気分によって受け取り方は大きく変わります。**さらりと受け流せることもあれば、イライラしたり、プツリと切れて怒り出してしまうこともあります。

気にしないという素敵な技

私は講演の仕事を始めたばかりのころ、話の最中に会場を出入りする人や、扇子を仰《あお》ぎながら話を聞く人などに、いちいちイライラしていました。主催者に「講演中の出入りはほかの方の迷惑になりますからおやめください」と言ってもらったこともあります。

しかし、アナウンスしてもやる人はやります。「携帯電話はマナーモードに」と言っても携帯が鳴ったり、電話で話したりする人がいました。

そんな状況でも、聞いてくださる方に失礼がないようにするためには、「自分に何ができるか」という発想が重要です。続けていくうちに、

「そういう人がいるからといって、イライラしたり、ペースを乱されるとは、自分はまだまだだな」

と思うようになりました。コントロールできないこと、コントロールできても重要度が低いことは**「気にしない」という選択肢をとって追放**します。たとえば扇子は「気にしない」という選択肢をとりました。

こういう解釈もしました。

「今目の前で起きていることは、これからも講演活動をする限り起こりえる。それなら想定内に入れてしまえばいい」

講演には「先生」として呼ばれます。私の価値観には、講演聴講者は「先生の話を聞く」「聞く側もそれなりの態度やマナーを守って聞いてくれる」という枠がありました。ところが実際にはそうではない。聴講者全員が講師のことを敬《うやま》っているわけではないとわかってきました。**枠の取り方が変わり、いろいろなことが想定内になりました。**

男の子は宇宙人

子ども同じです。最初のうちはイライラしたり、腹が立ったことでも、**いろいろな経験をするうちに自分のなかで想定内にしていく**ことができます。

私の妻は姉妹で育ったため、男の子が身近にいませんでした。そんななか男の子が生まれ、行動が想定外なことばかり。毎日、「何でこうなるの?」ということばかりでした。

そんなときに男の子を育てているおかあさんから、

「男の子は宇宙人だと思って育てないと身がもたないわよ」

と言われたそうです。ある男の子は小学校3年生くらいのとき、授業中に「そこに髪の毛があったから」という理由で前の席の女の子の髪の毛を切ってしまいました。また、ティッシュに火をつけてベランダから捨てるという「実験」をしたという男の子もいました。管理人さんに呼び出されて大変叱られたそうです。

これらはみんな男の子の好奇心から生まれたものです。とくに理由はありません。

こうした話を聞いて妻は随分気持ちが楽になったそうです。「男の子って宇宙人」という枠取りができたことで、常識では考えられない行動も受け入れられるようになったのです。

怒りで失うたくさんのもの

友だちや信頼関係が失われる

怒りを上手に表に出せないと、**人間関係や健康面で多くのものを失います**。まず人間関係では、家族や友人、出会いなどを失ってしまいます。イライラして怒ってばかりいる人とは友だちになりたいと思いません。誰かを紹介してあげようとも思われませんから出会いのチャンスが少なくなるでしょう。

聞いた話です。幼稚園入園直後、子ども同士がケンカし、一方のおかあさんが相手の家と幼稚園に怒鳴り込み、相手のおかあさんと先生を泣かしたことがありました。それから7年が経ちますが、この人は「要注意ママ」とレッテルを貼《は》られ、周囲との交流がないそうです。当然子ども同士が遊びに行ったり来たりということもありません。

家族の誰かがいつもイライラしていたら、家にいても気が休まらず、家に帰りたくなくなって、そのうち家庭がギクシャクしてしまうことでしょう。

イライラや怒りは伝染しやすいという性質があります。

おかあさんが子どものためにいろいろやっても、イライラしていたら、子どもに伝わってしまいます。おかあさんは子どもにとっていちばんの存在です。母親がハッピーで、その姿を見ているからこそ、子どももハッピーになれるのです。

怒りによって起きる病気

健康面ではどうでしょう。

東洋医学では**怒りがもとになっている病気は多い**とされています。五臓のうち肝臓にダメージを与え、意欲低下、不眠、頭痛、肩こり、めまい、耳鳴り、高血圧などを引き起こします。肝臓の失調は脾臓《ひぞう》におよびます。脾臓までいくと胃潰瘍《いかいよう》、食欲低下、逆に過食症になったりします。

米国のジョンズ・ホプキンス大学の研究では「イライラしやすい人は心臓系に疾患が出やすい」と報告されています。心臓疾患はアドレナリンの分泌に関連していますが、神経伝達物質、アドレナリンの働きで、血管が収縮し、心臓が血液を送り出す負担が増えます。学生１０５５人を対象に健康状態を追跡したところ、怒りっぽい人は50代までに心筋《しんきん》梗塞《こうそく》や冠状動脈疾患になる率が、感情が平静な人の約３倍ありました。

また、オーストラリアの急性心血管診療所が、心臓発作を起こした３００人以上の患者に、発作が起こる前の48時間に「何らかの怒りの感情を経験していたかどうか」を質問したところ、「激しい怒りの感情」を経験した人は、２時間以内に心臓発作を起こすリスクが通常よりも８・５倍も高いことがわかりました。

このように怒りに振り回されると、私たちの健康面にマイナスになる可能性が高いのです。

イライラや怒りは、人間関係や健康など、私たちから多くのものを奪ってしまいます。

こうしたことを考えると、やはりイライラや怒りは減らしておきたいですね。

怒らない子育て実践コラム⑥

気づきを促すような言い方を

小5の男の子、小2の女の子、年少の男の子のパパ

わが家には「食事前にはいったん片付けよう」というルールがあります。おもちゃのことが気になって食べないということがあったので、食べるときは食べることに集中しよう、団欒《だんらん》を大事にしようという気持ちがありました。

3人の子どもに「ご飯だから片付けて」と言うと、すぐに片付けはじめる子もいれば、やらない子もいます。「僕は遊んでいないから片付けない」とやらなかったり、「片付けてないよ」と言いにくる子もいます。

私はそうしたことにイライラしてしまいます。

怒鳴りはしませんが文句を言いたくなるので、その場を見ないようにします。ずっと見ていると怒りの感情が増してしまうので、まずは見ないようにします。たとえばその場を離れ、2階に行って深呼吸して、自分のなかで整理をして、自分のなかでも気分を変えて新たな気持ちで接するようにしています。

みんなで遊んだのだからみんなで片付けてほしいと思うのですが、片付けない子ばかりを怒りたくはありません。

そういうときは理由を聞いてみます。するとその子なりの理由があって、「あとからやろうと思った」「誰かやっているからいいと思った」などと、理由は教えてくれます。納得できるかどうか別ですが。

このルールは夫婦で決めました。どういう家庭にしたいか、どういう子育てをしたいかを話し合うのはとても大切なことだと思います。

なかなか守れないルールもあります。「帰ってきたら宿題をすぐにやる」というルールは難しい。「友だちと遊びたい」「帰ってきてからやる」と言いながら、遊んでからだと疲れて眠くなって泣きながらやることもあります。

でも、「早くやりなさい」と言ってもあまり効果がないので、「やらないとどうなるの？」「みんながやっているのにあなただけやらないの？」などと気づきを促すような伝え方を工夫しています。

番外編

「怒らない子育て」は
おかあさんだけのものじゃない

子ども柔道
練習日
おはようございまーす
わい
わい
恭介くん
単身赴任中のおとうさんが久々に帰ってきたんでしょ？
楽しかった？
うん！
…でも
ママとパパまたケンカしちゃった
こら恭介!!!
みちるさんっ
お茶でもいかが？
はいぜひ…
サッ

ケンカってわけじゃないんですけど
旦那が久しぶりに帰って来てもぜんぜん子育てに参加しないっていうか
使えないっていうか…
先週の日曜なんて…
五十里雄介
恭介の父。単身赴任中
…ちょっとパパ
ん？

恭介と遊べる時間は
少ないんだから
もっと…
公園に
行くとか
一緒に
何かするとか
したら？
うん！
そうだな
恭介
一緒に…
よしよし
これできっと
恭介も
ガチャ
パパと
楽しく…

えっ〜〜〜!!?
ねえ
何やってるの!?
え?
一緒に本を
読んで
はぁ!!?
あらら…
それに
お風呂に
入れてもらった
ときだって…

ねえ パパ
恭介と お風呂 お願いー
ああ
入るか 恭介
うん
さーて 洗い物～
ママー
タオルと パンツと パジャマは？
ぴしょ～～
ええっ!!?

ドーン
な…なんで!?
あっママ
どうしたの
どうしたもこうしたも……
『お風呂に入れる』ってのは
準備から仕上げまでやってってことでしょ〜〜〜〜!!

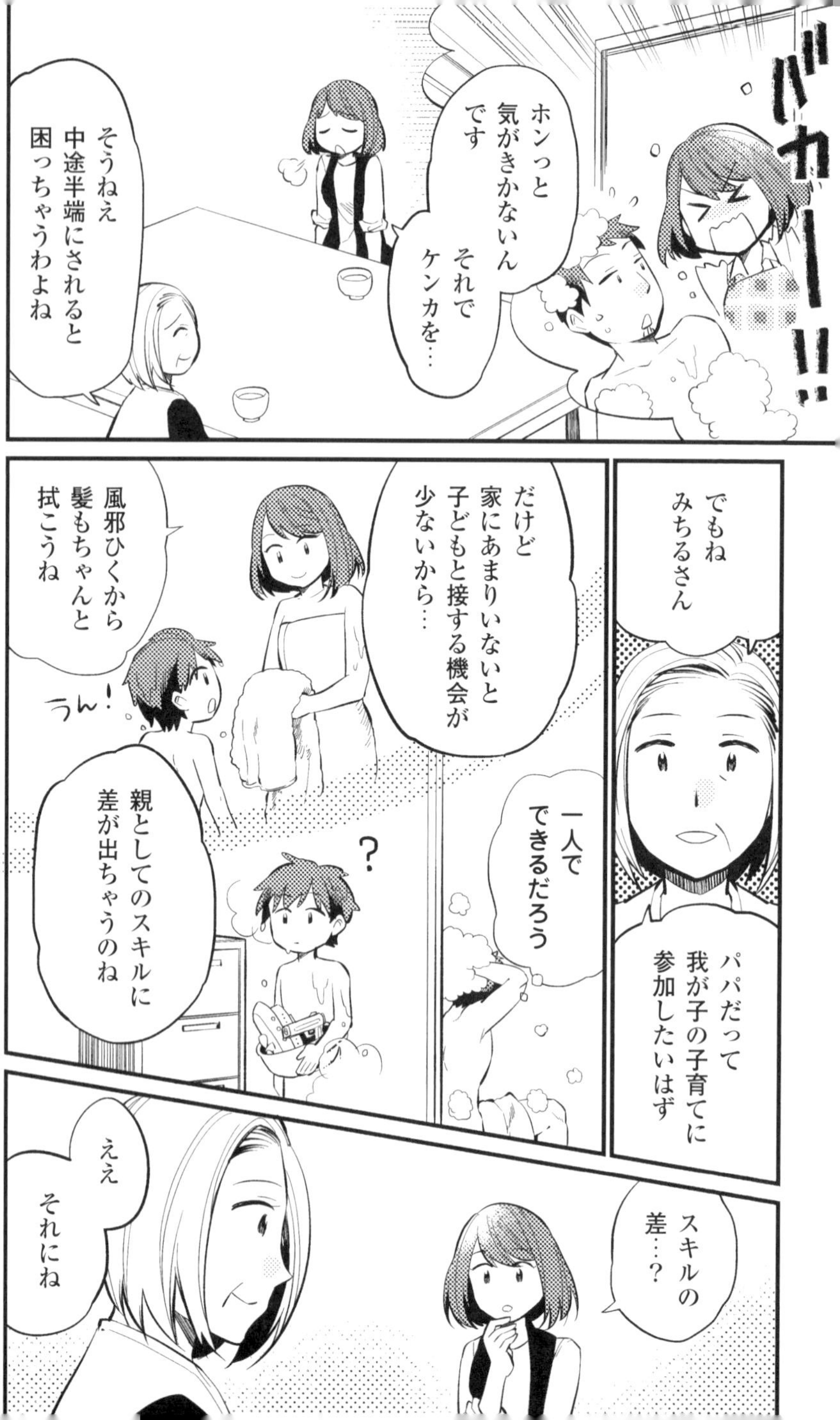
バカー!!
ホンっと気がきかないんです
それでケンカを…
そうねえ
中途半端にされると困っちゃうわよね
でもね みちるさん
パパだって我が子の子育てに参加したいはず
一人でできるだろう
だけど家にあまりいないと子どもと接する機会が少ないから…
風邪ひくから髪もちゃんと拭こうね
うん!
?
親としてのスキルに差が出ちゃうのね
スキルの差…?
ええ
それにね

子育てを
ママ任せに
していた場合
手伝いたい気持ちが
あっても
躊躇しちゃうの
ママのやり方を
邪魔して
しまわないか
それによって
不機嫌に
させたら…って
うっ
確かに
わかってないで
手伝いされると
逆に困るんです…
そのためにも
手伝ってほしい
ときは
具体的に、ね
「お風呂に入れて」
だけだと
わからないから…
『パジャマの準備』
『お風呂に入る』
『体を拭く』
『髪を乾かす』
…という内容を
やって
ちょうだい！
…じゃなくて
お願い
できるか
なあ？
って上手に
伝えるといいわ

それと…
離れていて気づかない
子どものことを
事前に教えておくの
こんなことが
嬉しいみたい
こんなこと
考えてるみたい
とかね
パパも心の準備が
できるわ
でも…
そこまでしなきゃ
いけないの!?って
なっちゃいます…
なんで私がそんな…
そこは
言い方だけよ
みちるさん
褒めて
頼って
おだてて…
理想のおとうさんに
なってもらいましょ!
わかっては
いるんですが…
なんだか子どもが
二人いるみたいで
大変な気が…
いいえ
逆よ
みちるさんが
母親しかできない
ことをやったら
あとは人に
頼ればいいのよ

恭介くんは両親とも笑顔なのが一番嬉しいの
だって大好きなパパとママなんだから
そうですね…
ねえパパ
恭介が今週テストで100点とってね
おっすごいな…
それでね…
ニコ

育児に戸惑っているおとうさんへ

育児に参加するとおとうさんも成長できる

ここで少し趣《おもむき》を変えておとうさん向けのメッセージを。

私は、育児は夫婦で協力するのがよいと思っています。私自身、この10年間育児に積極的に関わり、とてもよかったと思っています。

この本を読んでくださっているおとうさん、もしくはあなたのパートナーは育児に参加していますか？　もしくは、参加したいと思いながら、躊躇《ちゅうちょ》していませんか？

おとうさんが育児に参加することでよいことがあります。

おとうさんが育児をすることでおかあさんにどのような影響を与えているのかが「現代日本における男性と出産・育児」（園田学園女子大学論文集第46号　2012年1月）という論

文にまとめられています。

まず、乳幼児のおかあさんを対象にした調査で、おとうさんが育児に協力的でなかったり、おかあさんがひとりで子育ての責任を負っていると、おかあさんは「子育てに自信がない」「子どもとの関わり方がわからない」「育児でのイライラ感が強い」と感じる傾向があります。また、「この子を産んでよかった」「一緒にいると楽しい」「子どもがかわいい」という感情も薄くなることがわかっています。

次に、育児をすることでおとうさん自身がどう変化するかです。

最近の発達心理学の研究では、**子育てを通して親も成長する**ことがわかっています。幼稚園・保育園に子どもを通わせる親を対象に調査した結果、「親としての成長」には、

- 柔軟さ
- 自己抑制
- 運命・信仰・伝統の受容
- 視野の広がり
- 生きがい・存在感

・自己の強さ

という6つの領域があることがわかっています。

そして、それぞれの分野でおとうさんよりおかあさんのほうが成長度合いが大きいと報告されています。

さらに育児をしているおとうさんは、

・家族への愛着
・責任感や冷静さ
・子どもを通しての視野の広がり
・過去と未来への展望

などを得ていることもわかっています。

また、実際に一緒にお風呂に入ったり遊んだりしなくても、「育児方針について夫婦で話し合う」「子どもの育て方について身近な人たちと話す」「子育てに関する本や新聞記事を読む」など、**育児への関心を示す行動もおとうさんの成長につながる**ことがわかっています。

間接的な育児でもＯＫ

ただし、子育ての時期は、おとうさんにとっても仕事の忙しい時期だったりします。子どもがまだ寝ているときに出勤し、帰るのは子どもが寝てから、土日も仕事という人も多いでしょう。

そのような場合、**間接的な育児**でも効果があります。

あるおとうさんは、子どもが生まれたら、できるかぎり子育てを手伝おうと思っていました。

でも、実際にやろうと思うと、正直何をやったらいいのかよくわかりません。

子どもが泣くと、理由もわからず、まわりをウロウロします。

そんなとき奥さんがさっとおっぱいを子どもにくわえさせました。

すると泣き声はぴたりと止まったのです。

今まで何をやってもダメだったのに、ケロッとした表情で、おっぱいを飲んでいます。

「あれこれ悩んでみても、おっぱいにかなうものなし。ならば、おっぱいをあげやすい環境をつくってあげることが、私にできる育児なんじゃないかと思いました」

つまり、**おかあさんを支えることもおとうさんならではの大切な役割**なのです。

おとうさんの育児参加が進んできたとはいっても、現実に育児を支えているのはおかあさんです。そのおかあさんの労をねぎらい、「いつも頑張って子育てしてくれてありがとう」と感謝の気持ちを伝えると、おかあさんは1日の疲れが癒《い》やされ、また明日も子育てを頑張ろうと思えます。

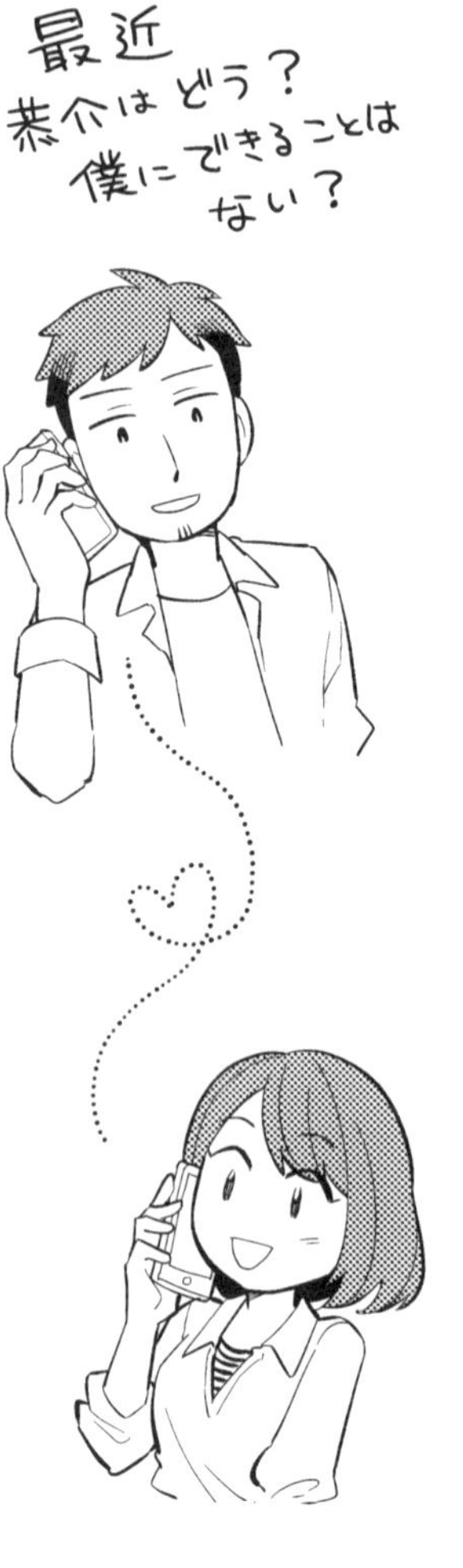

夫婦で価値観を合わせる

何となく協力しようと思っていたが

あるシングルマザーの方から、こんな話を聞きました。

「私たちは子育て方針とか役割分担をまったく話し合わない夫婦でした。だから行き詰まって破局したと思うのです。価値観のすり合わせが必要だなんて知りませんでした。はじめてづくしで、何となく協力してやっていくんだろうという想像の世界でしかなかったのですが、やってみたらそうはいかないことが多かったのです」

夫婦で子育てに関する価値観を合わせることはとても大切なことです。

たとえば、あなたのお子さんが20歳になったとき、

「おとうさん、おかあさんはこの20年間で僕（私）に何を伝えたかったの？」と聞かれるとしたら、どんなことを考えますか。「20年かけて最終的に子どもに伝えたい思いは何ですか？」ということです。**20年後にどうなってほしいのか、どういう大人になってほしいのか、**ということを夫婦で話し合っていると、ぶれない子育てができます。

どういうときに、どのように叱るのか

「叱る」「叱らない」の判断や基準を決めることも大切です。叱るポイントを合わせておかないと、子どもは迷うことがあります。

たとえば子どもが友だちを叩いたとします。おかあさんは「暴力は絶対ダメ」、おとうさんのほうは「そのくらいヤンチャなほうがいい」ということで、その違いがおかあさんのイライラにつながっていくということがあります。

こうした違いはたくさんあります。「あっ、考え方が違うんだ」と気づいたときに、夫婦で話し合い、どういう方針にするかを決めます。

たとえば上司と部下の関係でもそうです。課長の指示と部長の指示が違ったら部下は戸惑うでしょう。子どもも同じです。**おとうさんとおかあさんで言っていることが違ったら**

戸惑います。

また、おかあさんが子どもに怒っているときに、絶対におとうさんが、「まあまあ」などと入っていってはダメです。反対におとうさんが怒っているときも同じです。

おかあさんはおかあさんなりに理由があって、その場で子どもに対して厳しく怒ったのかもしれません。もしそのことに疑問を感じたら、子どものいないところで、

「さっき怒っていたけれど、どんな状況だったの？」

と聞いてみます。そして、自分の考えと違っていたら、今後どうするのか2人でしっかり話し合ってすり合わせておくことが大切です。

また、ほかの親の子育て法を題材にしながら、話をするのもいいでしょう。

「さっき、あのおとうさんが怒っていたけれど、もしうちの子が同じことをしたら怒る？」

「あのおかあさんはこういう言い方をしていたけれど、どう思う？」

「ネットでこんな記事を読んだけど、どう思う？」

という感じで話をして、夫婦共通の価値観を積み上げていくようにします。話し合いは一度きりではいけません。子どもの成長とともに親も成長していきますから、考え方も変化します。おそらく一生、事あるごとに話し合っていくことなのでしょう。

役割分担だけで終わらずに

育児に関する考え方をすり合わせるのが先

夫婦で育児を分担するという人が増えています。

これにはいろいろな考え方があると思います。

「共働きだったら子育ても半々」という考え方がある反面、「夫は気分でやったりやらなかったりするので余計イライラする。やらないならまったくやらないほうが期待しなくていい」「旦那がいないときのほうがうまくいく」という人もいます。

協力的なおとうさんでは「2、3時間おきにミルクをあげなければいけないときは、体力がもつ限り、ミルクをあげるようにしていました。3人目が生まれてからは土日に上の子どもたちを連れて遊びにいくのは日課になっています」という人もいます。

私は子育ては夫婦で行うのがよいと考えています。ですが**役割分担する前に、育児に関する考え方をすり合わせておく**必要があると思います。

どういう子に育てていきたいのか、そのためにどのような子育てをするのか、お互いの役割は何かということです。

ビジネスの現場のように、子育てに関するタスクを棚卸しして分担を決めるやり方が注目されていますが、それをやる場合にも事前の話し合いが必要です。長期的な子育てのなかで、現在の仕事を分担すると関わり方が変わってきますし、おとうさんも少し意欲的になれるでしょう。

おかあさんが話し合いなしでタスクの分担表だけを見せたり、だまってテーブルのうえに置いておいたりすると、おとうさんはヘソを曲げてしまう可能性もありますから注意しましょう。

叱る場面での役割分担

あるおかあさんから、

「夫は子どもに甘く、悪いことをしてもぜんぜん叱らない。いつも私ばかりが叱っていて、何だか割を食っています」

という相談を受けました。

私の場合、父親に怒られた経験がまったく記憶にありません。それは父が優しかったからではありません。あるとき母が、「子どもには私から伝える。何かあったら私に言って」と父親に言っていました。

何かあったら、父は必ず母に言い、2人が合意したら母から私に言うというのがわが家のやり方だったようです。

向き不向きや、子どもの年齢によっても役割分担を変える必要があります。

あるおとうさんは、子どもに何かを伝えるのがうまいと思っていました。小学生くらいまではおとうさんの話すことを子どももきちんと聞いてくれました。

しかし、中学くらいになったらおとうさんが話しはじめると子どもが避けるようになりました。

このおとうさんは、一方的にメッセージを伝えてしまっていたのです。本人曰《いわ》く、

「言い方が強すぎるんじゃないかなあとあとから思いました。小学生のうちは聞き入れて

くれていたのですが、やがて親父《おやじ》うるせえな、という感じになりました。あまりにも理路整然と説明するので、ディベートで負けたような感覚になるんじゃないかな」

結局、この人は「自分は伝えるのがうまくない」と自覚して、今はおかあさんが子どもの相談相手になっています。おかあさんが子どもの話を聞いて、柔らかく「おとうさんはこう考えているんだよ」と言ってくれたほうが、うまく伝わっているそうです。

役割分担の方法はそれぞれの家庭で違うでしょう。夫婦で話し合いながら役割分担を決めていきましょう。また、この例のように、**子どもの成長に応じて役割分担は変わる**ということを覚えておくとよさそうです。

2016年12月11日の朝日新聞の朝刊にこんな記事が掲載されました。2014年のベネッセの調査によると、就学前の子どもがいる45歳以下の父親の58%が、「家事育児に今以上に関わりたい」と答え、2005年度の調査から10%も増加しているとのこと。しかし、その実態は、「ゴミを出す」「食事の後片付けをする」以外の関わりは増えておらず、「子どもとの接し方に自信がもてない」父親は7%増え、全体の44%に。

子どもが就寝してから帰宅せざるを得ないなど、父親なりのジレンマがありそうです。

イクメンを超える

長いスパンで育児を考える

少し前に「イクメン」が話題になりましたが、今は落ち着いてきた感じがします。定着したといってもいいでしょう。

一般的にイクメンというのは、オムツを替えたり、休みの日に子どもを公園に連れて行ったり、幼稚園に送って行ったりする男性を指すようです。

確かにこれは育児や保育の領域です。

でも、おとうさんはイクメンで止《とど》まってはいけないと思います。

イクメンを超えなくてはなりません。

子育ては小さいころだけではなく一生続きます。少なくとも子どもが成人するまでは続きます。

おとうさんの出番は必ずある

おとうさんが子どもの教育に携わる時期は長いでしょう。

進学や仕事のことで子どもの相談相手になる場面もあるでしょう。

ある家庭では、おとうさんはほとんど海外赴任していますが、子どもが就職して仕事の壁にぶつかったとき、転職を考えたときなどは、おとうさんと話し合って進路を決めていました。

私自身、最初に仕事を辞めようかと思ったときは、父に相談しました。大学を卒業するころから、母に相談すると、「その件だったらおとうさんと話したほうがいい」と言われるようになりました。

２０１６年3月、コネチカット大学の研究所長、ドナルド・ローラーさんが、おとうさんの愛情が、おかあさんの愛情よりも子どもに与える影響が大きいという研究結果を発表しました。

それによると、**おとうさんが与える愛は時におかあさんの愛よりも強い影響を子どもに**

与えることがあるそうです。

おとうさんからの愛情を多く感じて成長する子どもは幸福感を感じ、生活満足度の高い人間に育ちます。愛されていない、認められていないと感じながら育つ子どもは、敵対的で攻撃的で、感情的に不安定な大人に育つ傾向が見られます。おとうさんからの愛情不足を感じた場合の影響として、犯罪行為や低い自尊心へとつながる可能性が高い、という研究結果です。

まずは自分の状態を整えよう

自分がハッピーでいることが大切

子どもと接するときに、自分の状態がよいかどうかが大切です。

人は感情に合わせてさまざまな状態になります。喜んでいる状態や、やりがいを感じている状態、悲しんでいる状態や、怒っている状態など、自分の状態は変化します。

状態がよいと、ものの見方や考え方が変わります。目の前の事実の受け取り方が変わり、子どもとの接し方も変わります。子どもとの関係を考える前に、自分ができるだけハッピー（よい状態）でいられるようにしましょう。

おすすめなのが、3つのものを変える**ステートマネジメント（状態管理）**です。

①焦点を変える

たとえば、コップに水が半分入っているという事実があります。

このとき入っている水に焦点を当てると「半分入っている」となりますし、入っていない半分に焦点を当てると「半分しか入っていない」となります。食べかけのドーナツの「欠けた」部分に焦点を当てるのか、そのほかの欠けていない部分に焦点を当てるのかも同じです。

同じものを見ているのにとらえ方が変わります。

イライラするような出来事に出くわしたら、ゆったりと深い呼吸をして、心が落ち着いてくるのを感じながら、焦点を当てる場所を変えてみましょう。

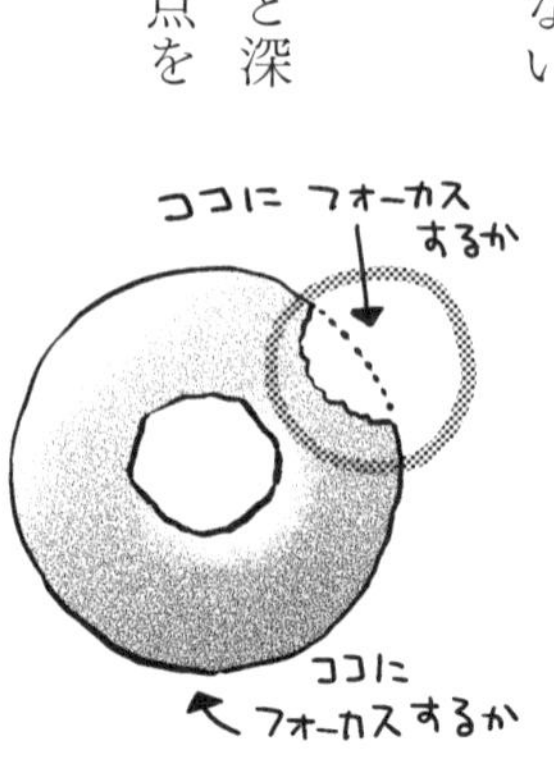

②使う言葉を変える

これは焦点を当てた部分をポジティブな言葉で表現するということです。発する言葉が現実をつくります。「できない」「必ず失敗する」と言っていると本当にそうなってしまうのです。心からそう思えないとしても、ポジティブな言葉を口にするよう心がけると、不思議なことに、目の前で起こる現象や気持ちが言葉に沿ってくるでしょう。

③体の使い方を変える

落ち込んでいる人、喜んでいる人は一見して見分けられます。それは体の様子が違うからです。落ち込んでいれば猫背になって首がうなだれていますし、喜んでいれば顔は前を向いています。

これは状態が体の使い方を変えていると同時に、体の使い方で状態を変えることができるということです。具体的な方法はあとからお話しします。

イライラの感情をコントロールするときに、私はこの3つを意識しています。

「焦点」と「言葉」が大切

子どもと接しているときにいちばん使うのは、**「焦点」**と**「言葉」**です。

たとえば、夏休みの最終日、私がリビングに行くと息子が夏休みの宿題をしていました。

焦点の当て方によっては、「それまで何もやっていなくて急にやりはじめた」と見えます。そして「計画的にやっていたらギリギリになってヒーヒー言わなくてもよかったのに」とか「今になって急に始めてもどうせ終わらないよ」と言うことになります。

でも、私は朝から勉強していることに焦点を当て、「朝から偉いな！」という言葉をかけました。

また、息子には小さいころから靴を揃えさせています。すでに習慣として定着していますが、1か月に1日くらいは揃っていない日があります。「ちゃんと揃えて」と言ってもテレビなどを見ていて聞かない日が、ごくたまにあります。

このとき「揃えなかった1回」に焦点を当てるのか、「揃えた29回」に焦点を当てるかによって対応は変わるでしょう。私は「ほぼ毎日できているのだから、今日は許してあげてもいいんじゃないか」と考えます。

即効性のある体の使い方

体の使い方は即効性があるので、ぜひやってみてください。

落ち込んで自信がないときでも、自信のある人の体の使い方をまねると、不思議と元気になり少しずつ自信も出てきます。いくつかの体の使い方を紹介します。

・背筋を伸ばす

自信がないときは背中が丸くなりがち。背筋をピンと伸ばします。すると気持ちも前向きになるでしょう。

・視線を上向きに

目線が下がると、あごが下がり、頭が垂れます。すると元気は出ません。視線を上向きにするとあごも上がり、前向きな気持ちになります。

・胸を張る

前かがみになると気持ちも落ちこみます。手を上に上げながら深く息を吸い、ゆっくり息を吐きながら横に手を下ろします。胸を張った姿勢になり、気持ちに余裕が生まれます。

・笑顔をつくる

表情筋は脳と連動しています。脳の機能が低下してくると表情が固まってくることがわかっています。そこで笑顔をつくって、積極的に表情筋を動かすと脳にも心にもよい影響があります。

・スキップをする

気持ちが重たいときは、足取りも重くなります。反対に気持ちを軽くさせるには、足取りを軽くすればよい。なかでも、スキップには絶大な効果があります。

私は講演などで人前に立つときに、ぐっと胸を張って「よし！」と思って出て行きます。**自信があるから胸を張るのではなく、胸を張るから自信が出てくる**のです。歩くときも姿勢を正しくしていようと気をつけています。自分の生き方、仕事に誇りと自信をもって生きていきたいという自分なりの体の使い方です。

感情を変えることは難しくても、体の使い方を変えることは簡単にできます。

たとえば、大きめの声で「おはよう」「おかえり」「ありがとう」と言ったり、振る舞いを楽しい感じにしたりするだけで、気持ちが変わります。おかあさんのなかには子どもや夫から「ねえ」「おかあさん」と声をかけられたときに意識して明るい声で返事をしている人もいます。実際、スキップをしながらは怒れません。状態を変えるためにおすすめの方法です。

成長したら子どもに判断をまかせる

子どもに判断能力をつけさせるのも親の役割

子どもが成長したら、子どもに判断をまかせたほうがいい場面があります。

わが家では、ゲームに関して子どもと話し合ってルールを決め、次のように机の前に貼ってあります。「パパやママがやめなさいと言ったらすぐにやめる」「友だちと遊んでいるときは自分から率先してゲームを始めない」「歩きながらやらない」「ゲーム（ハードもソフトも）は親は買わない。お年玉などを貯めて買うのはよい」

そんなルールを設けています。

あるとき、息子がバスのなかでゲームをやっていました。「歩きながらゲームはしない」

という約束があるので、バスを降りる前にゲームは終わりにしなくてはなりません。

ところが、終了できないタイミングだったようで、バスを降りてもゲームを続けていました。こういうとき、「歩きながらゲームはしない約束だろ」と伝えますが、そこから先は子どもの意思にまかせようと思っています。

すると「いい場面だから3分だけ待ってほしい」と言いました。そこで私は「わかった」と言って立ち止まり、ゲームを一段落させて歩きはじめました。

ルールを守らない子どもにイライラしたり、怒ることもできます。「何度言ったらわかるんだ！」と言うこともできるでしょう。

でも、その選択はあえてしませんでした。

子どもに判断能力をつけさせるのも親の役割です。

成長に応じて接し方を変える

いつまでも親が判断してあげることはできません。

絵が描けないうちは、親が一緒に絵を描いてあげます。自分で絵を描ける年ごろになったら、本人に絵を描かせる。勉強にしても、やり方を教える時期と、まかせていい時期があります。ポイントは、その時期です。小さいときから早く自立させるために、子どもに何でもやらせようとするパターンがあります。私はそれはよくないと思っています。**小さいときは小さいなりの生き方ややり方があります。**いい意味でおとうさんやおかあさんが世話をし、愛情を感じることが必要だと思います。

成長してきたら、少しずつ自分でできることは自分でやらせるようにし、次に、自分で判断できることは自分で判断させるようにします。

私の母は、私が中学生になった瞬間、接し方が変わりました。それまでは茶碗のもち方、箸《はし》のもち方などにひとつひとつうるさかったのですが、中学生になった途端に何も言わなくなりました。その豹変《ひょうへん》ぶりに戸惑った記憶があります。

母が何も言わなくなったことで、自分で決め、自分で責任を取らなければならなくなりました。私はそのような状況に置かれたためか反抗期というものがありませんでした。もしガミガミ言われていたら反抗したと思います。今思うと子育てとしてはよかったんじゃないかなと思います。

何をどのタイミングで子どもに自分でやらせ、判断させるかは、親がきちんと考えるべきでしょう。

親の優しさと虐待

子どもを親の思い通りにしてはいけない

「子どもは褒めて育てましょう」と言います。

幼児期ではそれでよいと思います。それまで何もできなかった子どもが、たとえばクレヨンでマルを描いたら「上手ね」と褒めますし、名前を呼んで「はい」と返事ができたら「すごいね」と褒めます。

そして子どもは親に認められたことをうれしく思います。でも、子どもが成長するにつれて、単純に「上手！」「凄《すご》い！」「さすが！」とやみくもに褒めてばかりいると、「もっと頑張ったら、もっと褒めてもらえるんだ」と思ってしまいます。

とくに子どもはおかあさんが大好きですから、期待に応えようと必死になります。

期待がいつの間にかプレッシャーになり、うまくいかないと、「おかあさんに嫌われちゃう」「おかあさんを悲しませちゃう」と思って、自分を追い詰めてしまいます。

おかあさんの「東大に行かせたい」という思いを背負った子がいました。

小さいころから強制的に長時間、勉強させられ、本人は「早慶で十分」と思っていましたがおかあさんは納得せず、3浪して東大に合格しました。

ところが1年で自主退学しました。彼にとって東京大学はまったく楽しい場所ではありませんでした。東大は**親の願いであって、子どもは望んでいませんでした。**

おかあさんは自分の願望を子どもに押し付けていることに気づかず、東大を辞めたわが子に激怒し、「ここまで時間とお金を使ったのに」と勘当しました。

仮に親が目標を設定しても、子どもが自ら望むようになって、子ども自身が一生懸命に取り組んでいるのならよいと思います。

たとえば、あるおかあさんは、勉強にとても厳しく子どもが塾のテストでビリだったことを嘆いていました。ですが、本人もすごく悔しがって、毎日夜中まで勉強しました。その結果、塾で1番になりました。このように本人がやりたいのであればよいと思います。

ポジティブな言葉のシャワー

子どもの心に変化を起こす

ポジティブな言葉は子どもを前向きにします。

私はセミナーで言葉掛けのワークを行います。2人1組になってお互いに言葉を掛け合います。

最初は「面倒臭い」「疲れた」「もう無理」「どうせ自分なんか……」「だるい」「きもい」などネガティブな言葉を言い合います。すると言ったほうも聞いたほうも不快になって元気がなくなります。

次に「必ずできる！」「やる！」「楽しい！」「最高！」「素敵！」「気持ちいい！」とポジティブな言葉を言い合います。すると心が元気になっていきます。

使う言葉を変えるだけで、心の有り様は変わります。

さて、後者のポジティブな言葉にぴったりのタレントさんがいるのですが、誰だかわかりますか？

テニス解説者の松岡修造さんです。松岡さんが子どもたちにテニスを教えているのを見ると「絶対できる！　気持ちで負けるな！」「もっと気持ちを出すんだ。もっといいプレーをしたくないのか！」「目指しているのは日本のトップじゃない。世界のトップになって最高の気分を味わいたくないのか！」という感じで激励します。

実は松岡さんはあるアンケートで「上司にしたい芸能人」第1位に選ばれているのですが、こうしたポジティブな言葉掛けが好評価に関係しているのでしょう。

反対に、嫌な上司は、「どうせおまえ何かにできるわけがないだろう」「そんなんじゃぜんぜんダメだから、ほかのやり方を考えろ」「本当にクズだな。おまえはうちの部署のお荷物だ」「こんな小学生でもできる仕事を間違えて高い給料をもらっているのか」「おまえのせいで俺に面倒臭い仕事が回ってくるんだよ」などとネガティブな言葉を多用します。

部下の気持ちはどんどん落ち込んでいきます。簡単に想像できますよね。

子どもに対してもポジティブな言葉で叱る。これが大切です。

叱るときこそポジティブに

接し方や言葉掛けによって、何かあったときに「自分は頑張ればできる」と思える子どもになるか、「どうせダメなんだ」と思う子どもになるかは大きな違いです。「頑張ればできる」というセルフイメージを自分自身でもてるように、普段からポジティブな言葉掛けや接し方をすることは重要です。

ですから、私はよく言葉を投げます。**心に響いた言葉が大人になって「あのときおとうさんがこう言っていた」と思い出してくれたらよいな**と思いながら話をしています。

たとえば、子どもが風呂に入らないでダラダラしているとき、「早くお風呂に入りなさい。何やっているんだ」ではなく、「早く入って一緒にアニメを見よう」と言います。すると「いいね」と喜んで行動を起こします。

夕食のときに、ｉＰａｄを見ながら食べようとしているときは、「消しなさい。ご飯食べながら見ない約束だよね」と言いたいところですが、「家族で会話をしたほうが楽しいじゃないか」と言います。

反対に「しょうがない子だ」「本当にバカだな」などという言葉のシャワーを浴びてい

たら「どうせ自分はダメだ」というセルフイメージを抱くようになってしまいます。

また、「○○しなかったら○○するぞ」とか「○○になっちゃうぞ」というような脅迫的な言い方や「○○しなさい」という強制的な言い方もよくありません。

「これはこうしようね」とか「こうしたほうがいいよ」というような肯定的な言い方をしましょう。

また、「章聡がパパの子どもでよかった」とか「章聡がいてくれるだけでパパとママは幸せだな」とか彼の存在価値をよく伝えています。

このあいだも「本当に章聡がパパの子どもでよかった」と言ってぎゅっと抱きしめたら、私にご飯をよそってきてくれました。

私も意識して言っているのではなく**第一感情を素直に伝えるようにしている**ので、そのとき思った自分のなかの素敵な感情は素直に伝えるようにしています。

私がポジティブな言葉掛けを意識しているせいか、最近では子どももポジティブな言葉を返してくれるようになりました。

私は朝、子どもの登校時間に一緒に家を出て、別れ際、息子にこう言います。

「今日もハッピーに」。すると彼は「パパ、応援しているよ」と言ってくれます。

一般的に言われているポジティブシンキングは、私からするとバカポジティブの傾向が強いと思います。バカポジティブとは、**目の前の事実から目をそらし、自分にとって都合よく解釈する**ことです。

たとえば小学生でスポーツをやらないことに対して、本当はやってほしいと思っているのだけど、「本人がやりたがらないから、それでいい」とか、勉強をやってほしいと思っているけれど、本人がぜんぜんやらないから、何のサポートもしないで、「本人が勉強嫌いだと言っているからそれでいい」などと思うことです。

事実に注目して褒める

適切に褒めると子どもは感動して、その後、一変してやる気を出すケースも多いのです。認めることで、想像を超えるほどの意欲や潜在能力を引き出すことができるのです。

脳内には線条体《せんじょうたい》と呼ばれる器官があります。人間は褒められると、この線条体が反応することがわかっています。脳内の線条体が反応すると、神経伝達物質であるドーパミンの分泌が促されます。すると集中力や記憶力が向上し、やる気もぐんぐん湧いてきます。

あるおとうさんは、子育てのなかで褒めることを意識しています。

「褒めるというと、テストでよい点数をとったとか、スポーツの試合に勝ったとか、どうしても結果だけを対象にしがちです。たとえば、テストで100点をとったとき、スポーツでよい成績を残したとき、『よくできたね』『すごいね』と褒めます。ただし、**褒める対象は結果だけではありません**。親があまり成績にこだわっていると、テストのたびに一喜一憂することになりかねません」

努力した過程を褒めることはとても大切です。努力は報われると確信できれば、子どもは自主的にいろいろなことに取り組むようになります。努力は報われることを実感させるためにも、努力して伸びたら、そこに注目して褒めます。

たとえば、「頑張ったから、前よりできるようになったじゃないか」とか、「毎日休まずに練習したから、上手になったね」などと、なるべく具体的に褒めます。努力しても結果に表れないことはあります。そういうときは「毎日1時間ずつ練習しているのだから力はついているはずだよ」「いっぱいピアノの練習をしているのだから続ければきっとうまくなるよ」と、言い続けます。つまり褒める前に子どもをしっかり観察することが大切です。

読者無料プレゼントとして「褒め言葉リスト」をご用意していますので、お子さんを褒める際にはそちらもぜひ参考にしてくださいね。詳細は巻末をご覧ください。

親だからすべてを子どもに捧《ささ》げるわけではない

一生懸命になりすぎていませんか

「母親なんだから、これくらいやって当然」と思い込んで、余計に息苦しくなってはいませんか。とくに真面目なタイプの人には多いでしょう。私のセミナーには、「子どもをすぐ怒ってしまったり叩いてしまう自分が嫌になった」という人がたくさん来ます。

子どもが生まれると生活のリズムが一転します。乳児期の授乳、おむつ替え、離乳食、予防接種、転んだ、風邪をひいた、と育児は24時間、休みなし。本当にお疲れさまです。

そのあいだには、「日々の成長」といううれしい贈り物もあるのですが、自分のことは後回し、子ども優先の毎日です。

もしかするとイライラの原因は、余裕がなくなっていることが原因かもしれません。子どもは大人をよく見ています。親がニコニコしていると子どももうれしいものです。子どもの幸せは親の幸せから始まります。

親が自分の幸せの形が何なのかわからないと、子どもに幸せを伝えることができません。

いつかは子どもも巣立っていく

そうはいっても、「目の前のことに振り回されて、とても自分のことなんて考えられない」と思う人もいるでしょう。

それでもいつかは子どもの手が離れます。多くのおかあさん、おとうさんが「子育ての期間は今から思うと短かった」「今から振り返るとあっという間だった」と話します。

自分の時間をもてるようになったとき、何をするか思い描き、計画を立てることも自分自身の幸せの第一歩だと思います。

子どもにとって「絵本」や「砂場遊び」などが心の栄養と言われますが、**おかあさんだって「自分が心地よいと思う時間」が心の栄養になる**のです。

たとえば、子どもが保育園、幼稚園、小学校などに行けば、自分の時間がもてます。

そうした時間を「自分が心地よいと思う時間」にしてください。念のために言っておきますが、それはけっしていけないことではありません。時々私が、

「子どもが学校に行っているあいだに、自分の時間ができますね」

というと、

「そんな時間はありません」

「男の人が思っているほど暇じゃない。掃除も洗濯もしなければいけない。自由な時間なんて取れないんです」

などと言われることがあります。もしかすると自分ひとりの時間を豊かに過ごすことがよくないと思っているのでしょう。世間には「家でのんびりできていいよね」と家庭での仕事を軽視し、厳しい目を向ける人もいますから、そうした目を心配していることもあるようです。会社で自分は仕事が終わっているのだけれど、まわりが残業をしているから、何となく自分も残業しなければいけない、罪悪感から残業している感覚に似ているような気がします。

生き方は人それぞれ。自分の幸せを自分のやり方で求めるべきです。

理想のおかあさん像を追い求めることが息苦しさやイライラにつながることがあります。少し楽に考えてみてもよいかもしれません。

夫婦はお互いを認めよう

夫が話を聞くだけで妻のイライラが軽減する

6歳未満の子どもをもつ家庭を対象にした調査によると、子どもが0～2歳と育児が大変なころに、最も離婚が多いという衝撃の事実があります。

産後間もない時期におかあさんたちの多くが感じやすいのが、「夫への強いイライラ」です。育児で助け合いたい夫に、なぜかいちいちイライラしてしまう理由のひとつに、おかあさんの体内で分泌されるホルモンが関わっていることがわかってきました。

そのホルモンの名は「オキシトシン」と言います。

出産時や産後の授乳時に子どもと触れあっているときなどに分泌され、脳に作用して、子どもやパートナーへの愛情を強める働きをしています。

ところが最近、愛情だけでなく、「他者への攻撃性」を強める作用もあることがわかってきました。たとえ夫であっても、育児に非協力的な人は「攻撃の対象」となり、イライラ感が強められて夫婦関係の破綻《はたん》を招く恐れもあるというのです。

ですが、夫が妻の育児相談に真剣に耳を傾けているだけでも、妻のリラックス状態が安定して続いていることがわかってきました。

育児で常にストレスを抱えがちな妻の状況に、寄り添いの気持ちを示すこと。物理的に子育てを分担することももちろん大切ですが、**ひとりで頑張るおかあさんたちのつらさを理解し、共感し、「よく頑張ってるね」と認めてあげる**ことが、オキシトシンの作用でイライラを感じやすいおかあさんたちの心を安らがせ、円満な夫婦関係にもつながると考えられるのです。

言ったつもりではわかり合えない

夫婦間でコミュニケーションがとれているかどうかを考えたことはありますか。

おとうさんが働いて、おかあさんが専業主婦の場合、共働きの場合と、いろいろな形がありますが、2人でじっくりと話すことはないでしょう。

喧嘩したり不満を感じたりして、「うちの旦那は何もしない」「妻に腹が立つ」などと感じることはあるでしょう。そうしたことを、「人間ができていない」「性格が悪いから」などで片付けているかもしれません。

でも、そもそもコミュニケーションがとれていないのではないでしょうか。

自分が思っているほど話は伝わっていないのです。

理解されていないのです。

そういう前提でコミュニケーションをとったほうがいいのでしょう。

あるアンケートで「人をよく褒めている」という人は回答者全体の92％いましたが、「人から褒められている」という人は7％しかいませんでした。

自分が相手を褒めているほど、相手は褒められていると感じていないのです。

もっとお互いを褒めることを意識しなければ、相手には伝わりません。

しかし、今まであまり会話のなかった夫婦が、いきなり褒め合うのは難しいでしょう。

褒めるのが苦手であれば、褒めなくてもいいのです。「認める」ことが大切です。

褒めなくても認める

「褒める」と「認める」の違いは何でしょうか。

「褒める」には自分の価値観が入りますが、「認める」は事実の描写です。

たとえば、日曜日におとうさんが子どもを連れて出かけたとします。それを当たり前と思わずに、「今日1日子どもを連れて出てくれた」という事実に「ありがとう」をつけ加えて、「今日1日子どもを連れ出してくれてありがとう」と言います。子どもをお風呂に入れてくれたら、「お風呂に入れてくれてありがとう」と言います。

褒めなくていいのですが、**事実の描写だけしっかり伝えます**。

もちろん夫も同じです。奥さんがご飯をつくってくれる、洗濯をしてくれることひとつひとつを当たり前と思わずに、「ご飯をつくってくれた」「洗濯をしてくれた」という事実に「ありがとう」をつけます。「ご飯をつくってくれてありがとう」「洗濯をしてくれてありがとう」となります。

夫婦の日常をもう一度見直そう

私の好きな言葉に「真の発見の旅とは、新しい景色を探すことではない。新しい目で見ることなのだ」（マルセル・プルースト）という言葉があります。

人はとかく日常起こらないような特別な出来事に関心を寄せがちです。

特別なことがあると、それに関心を寄せて、お礼を言います。

ですが、日常的に目の前を通り過ぎていくことを、新しい目で見たときに景色は変わるのではないかと思っています。

私のいちばんのおすすめは、**夫婦でデートをする**ことです。

行き先を決めずに、あえて会話が増えるようなデートをします。

子どもを祖父母の家に預かってもらえるときなどがチャンスです。

その日は朝から出かけます。モーニングを2人で食べ、目的を持たずにふらふらと歩き、お昼ご飯を食べ、お茶を飲みながら喋《しゃべ》り、夕飯を食べて帰ります。

その日、旦那さんは「今日1日は妻の言うことをすべて受け入れる」「今日はとにかく妻の話をきちんと聞く」と決めます。

奥さんは、「今日1日はとにかく夫のいいところしか見ない」「今日1日のうちに夫のことを最低3回褒める」などと心に決めて2人でデートをしてみます。

私はよく妻をデートに誘います。2人で一緒に飲んだり食べたりします。妻がこのことを友だちに話したところ、「この年齢になって旦那さんがデートに誘ってくれるなんて素敵ね」と羨《うらや》ましがられたと言っていました。

子育てが終わったあとに残される2人

ある雑誌で、60歳以上のご夫婦に、生まれ変わっても今の奥さんや旦那さんとまた結婚して添い遂げたいか、という質問に対して、イエスと答えたのは奥さんが3割、旦那さんは7割でした。

旦那さんは生まれ変わっても今の奥さんと結婚して添い遂げたいと言っているということは、何だかんだと言っても奥さんに感謝し、「この人と一緒にいてよかった」と思っている証拠だと思います。

しかしながら、奥さんたちは、「何でこの人と結婚しちゃったのかな」と思っているのではないでしょうか。

推測ですが、旦那さんが奥さんに、生まれ変わっても添い遂げたいと思っているくらい感謝していて、いい妻だと思っていることを、ちゃんと言葉や態度でメッセージとして送っていないのでしょう。もし、メッセージを送っていたら、奥さんのアンケート結果は変わってくるのではないかと思いました。


私も50歳を過ぎて思うのですが、やがて子どもが独立すると、再び妻と2人になります。もし夫婦仲が悪いと、この時間がアンハッピーになるのではないでしょうか。ですから、その準備も大切です。

私は最近、**妻に自分の想《おも》いや考えを伝える**ようにしています。

将来のことも語るようにしています。「子どもの手が離れたら、2人でこういうことをしよう」などと話しています。

おわりに　子育ては形を変えて続いていく

最後まで読んでいただきありがとうございました。

今さらながら告白しますと、私は根が短気であり、かつては始終イライラし、怒ることも多かったのです。毎日、イライラしながら不機嫌な表情で部下をギロリと見回し、何かあれば「馬鹿野郎！　やる気があるのか！」と怒鳴りまくり、ホワイトボード用のマーカーペンを投げつけ、怒りを示すために事務所のゴミ箱を蹴《け》っ飛ばしていました。

じつは私は短気なのです。そして、今でも短気なままです。

今と昔で何が変わったのかといえば、たったひとつ、怒りという感情のコントロールの方法を覚えただけ。「怒らない技術」を使えば、怒りをコントロールすることができます。

そんな私が子育てを10年やってきて、思うことがあります。

それは「子どもは育てたように育つ」ということです。

思った通りにいかないこともたくさんありました。

何をやっても、何を言っても言うことを聞かないし、思った通りに動いてくれないという場面は確かにあります。冷静になろうとしてもなれない自分にまたイライラしてしまうこともありました。

先輩おかあさんに「そんなことを気にしているうちが華なのよ。子どもなんてあっという間に大きくなっちゃうんだから」と言われて当時は半信半疑でしたが、先輩の言葉は正しく、まさに「光陰《こういん》矢の如《ごと》し」を実感しています。

でも10年というスパンのなかで、小さいころからの親子関係、接し方、こういう子どもであってほしいという私たち夫婦の思いが、現在の子どもの姿に表れていると思います。

私は子どもと一緒に過ごせる時間は短いと考えています。「子育て四訓」をご存じでしょうか。これは山口県で中学校長や教育委員会の委員長などを歴任した緒方甫さんが、長年の教育経験を基にまとめたものです。

1. 乳児はしっかり肌を離すな
2. 幼児は肌を離せ、手を離すな
3. 少年は手を離せ、目を離すな
4. 青年は目を離せ、心を離すな

これを読んで、子育てはフェーズに応じて変えていかなくてはならないことを感じています。本文のなかで「イクメンを超える」というメッセージを書きましたが、**子育てとは子どもが小さいうちだけでなく、少年期、青年期になっても形を変えて続きます。**このことを夫婦で幼児期から話し合うことがとても大切だと思います。

私自身、小さいころは自分が子どもをリードしていくという感覚でしたが、子どもが10歳になったころから、前に進んでいくのをうしろからサポートする感覚に変わりました。「少年は手を離せ、目を離すな」という時期がやってきたということでしょう。

私は息子の10歳の誕生日に、「今日から章聡は天（10）才だ」と言いました。

「この1年間、章聡は天才になる。1年間で変わろうな。パパとママも変わるから」

10歳をきっかけに、本人に変わることを要求し、親も変わろうとしました。

子育てをして、いちばん勉強になっているのは親なのです。

私は子育てを通じ、見守ること、尽くすこと、貢献すること、無償の愛、思いやること、スキンシップの大切さ、使う言葉の大切さなど、ここに書ききれないくらい多くのことを学びました。

完璧《かんぺき》な育児なんてありません。子どもも親も失敗を繰り返しながら、はじめてのことにチャレンジしているのです。失敗しても、間違ってもいくらでもやり直せます。

大切なのは、「気づくこと」。気づくことができれば「反省」ができ、改善につなげることができます。それこそが親の学び、成長につながります。

そして「気づく」には子どもをじっくり観察していなければできません。といってもけっして難しいことではないのです。

気づくことは褒めること、認めることにつながります。子どもは毎日成長しています。

「こんなことができるようになったんだね」「そんな言葉を覚えたんだね」と、子どもを見ているからこそ、その成長に気づくことができ、喜ぶことができるのです。

[著者プロフィール]

嶋津良智（Yoshinori Shimazu）

教育コンサルタント、一般社団法人日本リーダーズ学会代表理事、リーダーズアカデミー学長、早稲田大学講師。

大学卒業後、IT系ベンチャー企業に入社。同期100名の中でトップセールスマンとして活躍、その功績が認められ24歳の若さで最年少営業部長に抜擢。就任3ヶ月で担当部門の成績が全国ナンバー1になる。

その後28歳で独立・起業し代表取締役に就任。翌年、縁あって知り合った2人の経営者と新会社を設立。その3年後、出資会社3社を吸収合併、実質5年で52億の会社にまで育て、2004年5月株式上場（IPO）を果たす。

2005年、「教える側がよくならないと『人』も『企業』も『社会』もよくならない」と、次世代を担うリーダーを育成することを目的とした教育機関、リーダーズアカデミーを設立。講演・研修などを通して、教える側（上司・親・教師など）の人達にアドバイスをおこなう。

2007年シンガポールに拠点を開設し、グローバルリーダーの育成にも取り組む。

2012年から始めた「感情マネジメントが、どう人生や仕事の成果に影響を及ぼすのか」をテーマにした、「怒らない技術～人生・仕事の成果を劇的に変えるアンガーマネジメントのススメ」や、親子関係の改善により、自信を持って自分の才能を伸ばせる子どもの育成を目的としたセミナー「おこらない子育て」が好評を博し、日本、シンガポール、タイ、インドネシアなどアジア主要都市で開催する。

2013年、日本へ拠点を戻し、一般社団法人日本リーダーズ学会を設立。リーダーを感情面とスキル面から支え、世界で活躍するための日本人的グローバルリーダーの育成に取り組む。

主な著書としてシリーズ99万部を突破しベストセラーにもなっている『怒らない技術』『怒らない技術2』『子どもが変わる 怒らない子育て』『マンガでよくわかる 怒らない技術』などの「怒らない技術」シリーズ、『不安をなくす技術』（すべてフォレスト出版）、『あたりまえだけどなかなかできない　上司のルール』『目標を「達成する人」と「達成しない人」の習慣』（ともに明日香出版社）、『だから、部下がついてこない！』（日本実業出版社）などがあり、著書は累計135万部を超える。

マンガでよくわかる 子どもが変わる 怒らない子育て

2017年1月15日　初版発行
2020年5月12日　15刷発行

著　者　嶋津良智
発行者　太田　宏
発行所　フォレスト出版株式会社
〒162-0824　東京都新宿区揚場町2-18　白宝ビル5F
電話　03-5229-5750（営業）
03-5229-5757（編集）
URL　http://www.forestpub.co.jp
印刷・製本　中央精版印刷株式会社

ISBN978-4-89451-743-1　Printed in Japan